LEADING SCHOOL CULTURE THROUGH
TEACHER VOICE AND AGENCY

교사 주도성

학교문화 혁신의 열쇠

Sally J. Zepeda · Philip D. Lanoue · Grant M. Rivera · David R. Shafer 공저
이병도 · 함은혜 · 심상용 · 노영현 공역

학지사

역자 서문

　2023년, 대한민국의 교육 현장은 격랑의 한 해였다. 2023년 7월 18일 서울 서이초등학교 2년 차 교사의 극단적 선택은 전국의 교사들을 충격에 빠뜨리며 대한민국 사회를 뒤흔들었다. 악성 민원에 시달리던 한 교사의 안타까운 죽음은 추모 분위기에 더해 전국 교사들의 엄청난 분노를 유발했다. 서이초등학교는 물론이고 교육부와 시도교육청 주위에는 추모와 분노의 근조화환과 현수막이 가득 채워졌다. '인디스쿨'이라는 초등교사 커뮤니티를 시발로 2023년 7월 22일 서울의 종로 보신각 앞에는 검은 옷을 입은 교사들이 '교사 생존권 보장'이라는 손 피켓을 들고 모여들었다. 광화문 2차 집회가 이어졌고 주말마다 추모 집회에 참여하는 인원은 늘어만 갔다. 아동학대 예방법과 악성 학부모 민원에 억눌렸던 교사들이 결집했고, 한여름의 폭염과 장맛비도 교사들의 분노를 꺾지 못했다. 9월 4일 서이초등학교 교사 49재를 맞아 교원단체들은 연대하여 이날을 '공교육 멈춤의 날'로 추모하며 국회의 조속한 입법과 교권 회복을 촉구하였다.

　한편, '공교육 멈춤의 날' 참여를 두고 교육 현장은 또 다른 속앓이를 겪었다. 징계 엄포를 놓는 정부 당국과 참여 교사들 사이에서 교장, 교감들은 난감해했고 곤혹스러운 처지가 되었다. 의연하고 슬기

룹게 대처하는 학교들도 있었으나 많은 학교에서 구성원들 간에 분열이 싹텄고 그 간극은 더 크게 벌어졌다. 존중과 신뢰의 학교문화를 이루는 기틀이 되어야 할 구성원들의 관계와 상호작용이 허무하게 무너지고, 이를 회복하는 데는 오랜 시간과 노력이 필요했으며, 아직도 그 상흔은 여전하다.

이 책 『교사 주도성: 학교문화 혁신의 열쇠』는 조지아 대학교에서 교육행정 및 정책학 교수로 재직하고 있는 Sally J. Zepada 등 3인의 공저서이다. Sally J. Zepada는 고등학교 교사, 교감, 교장 경험을 바탕으로 지금은 수업 장학, 전문성 개발, 교사 평가와 관련된 강의를 하고 있으며 학교문화 혁신에 관심을 갖고 이 책을 집필하였다. 공저자인 Philip D. Lanoue 박사 역시 고등학교 교장을 거쳐 현재 미국 조지아주에서 교육감으로 재직하고 있다. 2015년 조지아주 올해의 주 교육감으로 선정되기도 하였으며, 학구 수준에서 학교 혁신을 주도하였다. 또 다른 공저자 Grant M. Rivera는 현재 마리에타시 교육감으로 재직하고 있으며 여러 교육 관련 단체의 이사로 활동하면서 교육혁신을 주도하여 전국적으로 인정받고 있다. David R. Shafer는 성공적인 기업가이자 펜실베이니아주에서 선출직 교육위원회 이사로 활동하는 열정적인 공교육 옹호자이다.

미국에서도 코로나19 팬데믹과 국가적 위기를 겪으며 교단을 떠나는 교사들이 늘어났다. 교직에 입문하는 교사는 줄어들고 학교문화는 갈수록 악화되는 현실을 목격하며 저자들은 학교라는 공유 공간을 함께 사용하는 구성원들의 상호작용에 주목하였다. 행동, 패턴, 의식, 근무환경과 직접적으로 연결되어 있는 공간 속에서 구성원들이 상호작용하는 방식에 따라 교사와 학생, 리더와 교사, 교사간의 관계가 학교문화에 큰 영향을 준다고 보았다. 또한 내·외부의

혼란과 변화 속에서 학교가 안정을 유지하고 혁신을 도모하는 데 학
교문화가 중추적인 역할을 한다고 가정한다. 학교문화는 이러한 관
계의 상호작용에 기반해 구축되며 교사들의 주도적인 참여와 목소
리를 통해 긍정적으로 발전해 간다는 점에 주목하여, 변화를 모색하
는 교사들과 학교 리더들에게 '학교문화의 가치'를 전면에 내세우고
자 이 책을 집필하게 되었다.

　대한민국의 교육 현장에서도 15년 전 혁신학교 운동이 시작되었
고 혁신학교의 기반으로 '민주적 학교문화 조성'을 제시하였다. 학
교장의 수평적 리더십, 민주적 협의 문화, 전문적 학습공동체 활동
등은 기존 학교에서는 경험해 보지 못했던 새로운 학교문화였으며,
혁신학교 도입 이후 민주적 학교문화는 일반학교에도 긍정적 영향
을 미치게 되었다. 그러나 민주적 학교문화 조성은 학교장의 수평적
리더십에만 의존해서는 이루어질 수 없었을 것이다. 민주적 학교문
화 조성은 교사를 비롯한 구성원들의 주도적인 참여와 상호작용이
활발하게 이루어지고 나서야 건강하게 자리 잡을 수 있었다.

　우리 역자들은 이 책『교사 주도성: 학교문화 혁신의 열쇠』가 우
리 학교문화를 건강하게 성장시키는 데 작은 도움이 되리라는 기대
속에서 번역에 참여하였다. 물론 우리와는 다른 미국의 환경과 제도
를 배경으로 집필을 하였기 때문에 우리 학교문화와 교사들을 직접
적으로 비교하는 것은 당연히 무리가 따를 것이다. 그러나 이 책에
서 주목하는 '교사의 목소리와 주도성을 통한 학교문화 혁신'이 궁극
적으로 학교교육 성공과 학생들의 성취 향상의 주요 요인임은 부인
할 수 없는 사실이라는 데 우리는 공감하였다. 특히 이 책에서는 학
교문화의 리더로서 교사에게 요구되는 주도성, 학교문화 혁신을 위
한 관계의 중요성, 사람과 조직을 성장시키는 전문적 학습문화, 학

교문화를 구축하는 학교리더의 역량과 리더십, 그리고 학교문화 프레임워크를 통한 통합적 요소에 대해 상세하게 제시해 주고 있다.

"학교문화를 변화시킬 수 있는 원동력은 교사가 목소리를 낼 수 있는 능력과 그것을 실행할 수 있는 능력, 즉 주도성과 연관이 된다. 교사가 주도성을 발휘하려면 교사의 개인적, 집단적 목소리를 포용할 수 있는 문화가 필요하다."

"학교문화의 주축은 교사이다. 교사는 자신의 수업과 업무에 대하여 존중받아야 한다. 존중과 인정은 학생, 교사, 학부모, 지역사회 구성원을 배려하는 문화가 정착된 교육공동체 안에서 강력한 원동력이 된다."

"모든 학생을 교육하는 것은 혼자만의 힘으로 가능하지 않다. 교사와 리더의 신뢰를 바탕으로 만들어질 수 있는 협업문화를 구축하고 발전시키는 것은 학교의 최우선 과제이자 필수요건이다."

"긍정적인 학교문화를 조성하는 것은 위에서 아래로 명령하는 방식으로는 달성할 수가 없다. 리더는 교사들에게 주인의식을 심어 주고 협업의 중요성을 모범적으로 보여 줌으로써 교실에서 효과적인 수업이 이루어질 수 있도록 지원해야 한다."

모쪼록 이 책 『교사 주도성: 학교문화 혁신의 열쇠』가 대한민국 학교 현장의 건강한 학교문화가 뿌리내리는 데 길잡이 역할을 할 수 있기를 바란다. 교사들의 자발성과 주도성을 통한 학교문화 혁신으로 구성원들 사이에 균열된 마음의 간격을 좁히고 의기소침해 있는 교사들의 자존감이 하루빨리 회복되기를 기대한다. 또한 떨어진 사기를 일으켜 세우고 교사들이 교직에 대한 보람과 가치를 되찾기를 소망한다. 이 책이 우리 학교 현장에 성공적으로 뿌리내릴 때, 궁극적으로 우리 학생들 또한 수업을 비롯한 교육활동에 주도성 있게 참여하여 삶의 주체로 성장해 갈 수 있을 것이라 믿는다.

혹시라도 번역 과정에서 발생했을지도 모르는 오류가 있다면 오로지 부족한 역자들의 몫이다. 해량하여 주시길 부탁드린다. 기획 단계부터 출판에 이르기까지 세심하게 살펴 주시고 도움을 주신 학지사 편집부 관계자들께 깊은 감사를 드린다.

2024년 8월
역자 일동

저자 서문

📋 이 책에 대하여

학교문화를 이해하면 학교혁신의 기회를 창출할 수 있다. 학교혁신의 기회는 공유된 공간을 함께 사용하고 문화를 공유하는 학교 리더들과 교사들 간의 상호작용에 기반한다. 학교의 업무와 성과는 구성원들이 상호작용하는 방식에 따른 행동, 패턴, 의식, 근무환경과 직접적으로 연결되어 있기에, 공유된 공간은 중요하다. 교사와 학생, 리더와 교사, 교사 간의 관계는 학교문화에 영향을 미치며, 긍정적인 학교문화는 이러한 관계와 상호작용을 통해 구축된다.

이 책 『교사 주도성: 학교문화 혁신의 열쇠』는 문화를 새로운 방식으로 살펴봄으로써 학교 리더가 문화의 영향력과 교사 업무지원의 중요성을 이해하는 데 도움을 주고자 하였고, 8개 장을 통해 학교문화를 위한 프레임워크를 제시하였다. 학교문화 프레임워크는 빙산의 이미지로 나타낼 수 있다(제1장, [그림 1-1] 참조). 이 프레임워크는 학교문화가 학교를 발전하게 하는 미개발 혹은 잠재적 자원이라는 점을 강조한다. 학교문화가 통합적 요소들을 기반으로 정의 및 검토되고, 교사의 목소리와 주도성을 통해 행동하게 되며, 공동의

책임을 발휘하는 역량과 연결된다면, 학교문화는 그 진가를 발휘할
것이다.

이 책의 목표

이 책을 집필한 의도는 모든 학생의 성취를 향상시키는 데 필요한
변화를 모색하는 교사들과 학교 리더들에게 문화의 가치를 전면에
내세우는 것이었다. 학교는 학교혁신을 위해 많은 노력을 기울이고
있지만, 모든 학생의 성공이라는 목표 달성에 있어서 명목상의 성
과를 보여 주는 데 그치고 있다. 전국의 모든 교사와 학교 리더들은,
학생들이 학교 문을 들어서거나 Zoom 세션을 열 때 제대로 된 교육
을 받기를 원한다. 하지만 수년간의 높은 기대와 엄청난 노력에도
불구하고 학교는 설 자리를 잃어 가고 있는 것 같다. 코로나19 팬데
믹과 기타 국가적 위기로 인해 교실을 떠나는 교사는 늘어나고, 교
직에 입문하는 교사는 줄어들고, 학교문화는 날이 갈수록 악화되고
있다. 이 책은 내·외부의 혼란과 변화 속에서, 그리고 혁신의 시기
에 학교가 안정을 유지하게 돕는 데 '문화'가 중추적인 역할을 한다
고 가정한다.

학교문화는 항상 중요했지만, 그 가치와 교사의 업무에 미치는 영
향은 최소화된 수준에 머물러 있다. 학교문화에 대한 정의는 여전히
모호하고 학교 풍토와의 관계도 불분명하다. 학교와 교육 시스템 개
선과 연계된 평가에 활용할 만한 일관되고 명확한 규정이 없고, 학
교문화와 관련된 교사들과 학교 리더들의 노력과 실천에 대한 의미
있는 지원도 없었다.

이 책의 첫 번째 목표는 학교문화를 정의하고 명확하게 설명하여, 리더들이 학교문화를 구성하는 요소들에 대해 더 잘 이해할 수 있도록 하는 것이다. 학교문화와 학교문화 프레임워크에 있는 통합적 요소를 살펴봄으로써, 리더와 교사들은 전략적으로 그리고 협력적으로 그들의 문화와 업무에 변화를 줄 수 있을 것이다.

두 번째 목표는 교사의 목소리와 주도성을 통해 학교문화를 재구성(reshape)하는 방법을 종합적으로 설명하는 것이다. 학교문화 재구성은 교사, 리더, 학생이 학습에 더 집중하게 하는 것을 목표로 한다.

세 번째 목표는 교사와 리더가 상호작용하는 방식이 문화에 어떻게 영향을 미치는지, 나아가 직장 환경, 신뢰, 협업에 어떻게 영향을 미치는지 탐구하는 것이다.

네 번째 목표는 교사의 직무와 학습공동체의 가치를 인정하는 지원협의체(network of support) 구축과 지속적인 협력을 강조하는 것이다.

다섯 번째 목표는 학교문화를 가꾸기 위한 리더와 교사들의 역할, 행동, 책임을 확대하는 것이다.

각 장의 내용은 학교 리더들과 교사들 간 관계의 역동으로 학교문화가 어떻게 변화하고 있는지, 그리고 교직 입문, 교사의 성장·유지와 관련된 학교문화의 중요성을 이해하는 데 도움이 될 것이다. 긍정적인 학교문화는 최선을 다하기 위해 권한을 부여받을 필요가 있는 교사들의 상호작용과 경험을 통해 발전하는 것이다. 이는 의무와 규정으로 강요되지 않는다.

🖋️ 이 책의 특징

이 책에는 여러 장에 걸쳐 제시되는 중요한 개념들을 실무에 적용하는 데 도움을 줄 수 있는(hands-on) 몇 가지 특징이 있다. 첫 번째 장에서는 학교문화 프레임워크와 통합적 요소가 제시되는데, 이 프레임워크와 통합적 요소는 여러 장에 걸쳐 설명될 것이다. 각 장은 '학교문화 살펴보기(Examining School Culture)'로 시작하는데, 여기에는 교육구 혹은 학교의 구체적인 문제 상황(scenario)이 제시된다. 이는 독자가 되돌아가 확인하며 읽을 수 있는 실천의 딜레마(a dilemma of practice)로 간주되는 부분이다. 수학의 스마트 워드 문제[1])처럼 각 장에서 중요한 개념들은 상세한 설명과 사례를 통해 충분히 설명하고 강조하고자 했다.

각 장을 구성하는 주요 절의 마지막은 주요 내용을 요약한 '문화 이끌기: 학교문화 이해를 위한 성찰(Leading Culture)'을 통해 독자가 '학교문화 살펴보기(Examining School Culture)'에서 제시된 실천의 딜레마에 학교문화의 원리를 적용해 볼 수 있도록 구성하였다.

각 장 마지막은 '실천 이끌기: 학교문화 혁신을 위한 실천(Leading Practices)'으로, 독자가 자신의 상황에 맞게 적용할 수 있는 전략을 도출할 수 있도록 하였다. 이러한 전략은 독자가 해당 장의 내용을 더 깊이 이해할 수 있도록 도울 것이며, 나아가 이 책의 주요 내용을 바탕으로 학교문화와 관련된 주요 영역의 계획, 실행, 평가에 폭넓

---

1) 역자 주: 수학의 스마트 워드 문제(Smart word problem in math: S.M.A.R.T) 방법은 학생들이 수학 문제를 풀기 전에 주석을 달거나 분해하도록 안내하는 것임.

게 참여하도록 도울 것이다.

학교문화의 특정 영역에 대한 심도 있는 학습을 위해 추가로 읽을 만한 문헌을 추천하며 각 장을 마무리하였다.

각 장의 내용

이 책은 총 8개의 장으로 구성되며, 각 장의 앞에는 해당 장의 내용을 한눈에 파악할 수 있게 목차를 제시하였다.

제1장: 교사의 목소리와 주도성

학교문화의 힘을 활용하려면 교사의 참여가 중요하다. 교사는 그들의 역할, 책임, 능력은 긍정적이고 안정적인 학교문화의 기초가 되는 공동의 책임으로 성장해야 한다. 학교문화 프레임워크와 통합적 요소는 공동의 책임을 형성하기 위한 기본 토대로서, 교사 목소리와 주도성을 뒷받침하는 역할을 하는 빙산의 형태로 제시된다.

제2장: 학교문화의 이해와 구성

학교문화는 종종 학교 풍토와 동의어로 사용되며 학교에서 계속해서 논의의 대상이 되고 있지만, 그 정의와 구성요소는 여전히 모호하다. 건강하고 활기찬 조직과 학교문화의 힘은 그냥 '생겨나는 (happen)' 것이 아니다.

제3장: 기능적이고 역기능적인 학교문화의 이해

교사와 리더의 업무를 개선하기 위한 학교혁신은 학교문화의 힘에 의존하기 때문에, 학교문화의 역동성과 그것의 기능 수준을 이해하는 것은 필수적이다. 리더들은 학교문화를 이끄는 데 있어 자신의 역할과 기능적 및 역기능적 학교문화의 특성을 이해할 필요가 있다.

제4장: 학교문화 혁신과 우리의 노력

학교문화 발전을 위해 리더와 교사는 학교문화의 존재를 이해하고, 학교문화를 정확하게 파악할 수 있어야 한다. 학교문화는 학교마다 다르게 나타날 수 있으나, 어느 학교에서나 교사들과 리더들의 업무 관계를 지원하는 역할을 한다.

제5장: 사람과 조직을 성장시키는 전문적 학습문화

전문적 학습은 교사들과 학교 리더들의 전문성과 효율성 신장에 핵심적인 역할을 해 왔으나, 항상 업무와 수업에 도움을 주는 것은 아니다. 전문적 학습에 참여하는 학교문화를 조성하려면 전문적 학습에 대한 새로운 사고방식, 새로운 수업에 대한 지원 그리고 그것이 시스템에 미치는 영향 등에 대한 이해가 필요하다.

제6장: 학교문화를 만드는 사회적 역학 관계

학교 혼란의 정도가 심해지고, 그것이 교사에게 미치는 영향이 커짐에 따라, 학교 리더들은 시스템 내 인적 자본과 그들이 일하는 문화에 초점을 맞춰야 한다. 교사의 주인의식과 공동의 책임을 바탕으로 학교문화를 구축하는 과정은 학교 리더에게 매우 중요하다. 리더는 이 과정을 통해 교사 지원과 학교혁신 역량을 갖추게 된다.

제7장: 학교문화를 통한 학교 안정화

학교 리더들과 교사들은 학교 외부와 내부에서 계속되는 격변과 혼란에 맞서, 변화하는 학교문화를 탐색하고 이끌어 가야 한다. 학교문화의 뉴노멀(new normal)은 변화 과정을 수용하고 회복탄력성을 확보함으로써 발전할 것이며, 이것이 교육을 재구성하는(reshaped) 핵심 요소이다.

제8장: 학교문화의 모든 것

이 장에서는 앞선 제1~7장의 주요 내용을 강조하고, 교직원들이 모두를 위한 학습을 위한 학교문화 조성을 위해 지속적으로 노력해야 한다는 관점을 제시한다.

차례

제4장 학교문화 혁신과 우리의 노력 • 119

제5장 사람과 조직을 성장시키는 전문적 학습문화 • 151

제6장 학교문화를 만드는 사회적 역학 관계 • 179

제 **1** 장

교사 목소리와 주도성

1. 학교문화 살펴보기

학생 수 50,000명의 학구(學區)에 새로 부임한 주 교육감(superinten-dent)은 면담 과정과 다량의 문서 검토를 통해 학교혁신 노력에 대한 교사들의 낮은 참여가 해당 학구의 문제임을 알게 되었다. 중요 시 사점은, 교사들이 고립된 채로 일하는 '벙커 심리(Bunker Mentality)'[1] 문화가 존재한다는 것이다.

주 교육감은 학교 현장의 요구 사항과 학교혁신에 필요한 사항을 더 잘 파악하기 위해, 학구(學區) 내 각 학교의 대표 위원들로 교사 자문위원회를 구성하였다. 주 교육감은 교육청 담당자들과 분기별로 만나 혁신에 대한 우려와 기회에 대해 논의했으며, 각 회의의 안건은 교사와 교육청의 의견을 수렴하여 선정하였다.

첫 번째 위원회 회의에서 교사들의 주된 관심사는 고립 상태에서 벗어나 학교와 학급 수준의 의사결정에서 더 큰 목소리와 재량권을 갖는 것이었다. 교사들 대부분은 가르치는 방법이나 학교 내 의사결정에 대한 '각본(script)'을 원하지 않는다고 말하였다.

주 교육감은 교사 목소리(voice)와 주도성(agency)을 통해 학교문화를 구축하는 것은 기존의 정책과 관행에서 벗어나 새로운 시스템을 도입하는 데 필요한 토대라고 믿었다. 위원회의 첫 회의 후, 주 교육감은 교사와 학교 및 학구(學區)의 리더로 구성된 실무위원회를 구성하여 학교가 다음과 같은 것을 구축할 수 있는 프레임워크를 개

---

1) 역자 주: '벙커 심리(Bunker Mentality)'란 포탄이 쏟아지는 전장에서 머리를 내밀지 않은 채 사태가 진정되기를 기다리는 심리상태를 의미함.

발하기로 하였다.

1. 교사 목소리와 교사 주도성 정의
2. 교사 임파워먼트(empowerment), 자율성(autonomy)과 자기효
   능감(self-efficacy) 지원체제
3. 기존 절차를 검토하고 새로운 절차를 개발하기 위한 과정과 추
   진 일정. 조정할 수 있는 절차와 정책

2. 들어가며

교육 전반에 걸쳐 전례 없는 변화가 일어나고 있는 이 시기에, 학교혁신의 노력은 뚜렷한 성과를 거두지 못하였다. 학교혁신에 있어 학교문화 측면은 상대적으로 다루기 어려운 요소로 남아 있다. 해결해야 할 과제와 도전들이 엄청나게 많지만, 학교혁신의 초점은 주로 학생들의 성취와 연결되는 효과적인 교수 방법에 맞춰져 있다. 학교혁신 노력을 뒷받침할 수 있는 학교문화의 독특하고 잠재적인 힘이 활용되지 못하고 있는 것이다. 제2장에서 자세히 살펴보겠지만, 학교문화는 "높은 자율성과 공유와 협력을 지원하는 든든한 기반"에 내재된 신념과 가치를 바탕으로 형성된다(Cansoy & Parlar, 2017, p. 312).

학교문화가 힘을 발휘하려면, 학교 구성원들이 함께 참여하고 협력해야 한다. 학교문화에 영향을 미치는 요인은 다양하다. 이 책은 학교 리더들과 교사들 간의 상호작용을 통한 학교문화 만들기의 기본서가 될 것이다. 이 장에서는 '학교문화 프레임워크(Framework for

School Culture)'를 소개하고, 학교문화의 기본 요소인 교사 목소리와 주도성 그리고 이 둘 사이의 상호작용 등에 대하여 살펴보았다.

3. 학교문화 프레임워크

[그림 1-1] 학교문화 프레임워크는 학교 구성원들이 공동의 책임(collective responsibility) 형성을 위한 토대로, 교사의 목소리와 주도성을 기반으로 한 빙산의 형태로 제시되어 있다. 학교 풍토는 가장 눈에 잘 띄는 지점인 끝부분에 있으며, 그 아래에 학교문화가 있다. 그다음은 수면선이며, 밑에서 나선형으로 올라가는 소속감, 지원, 보살핌, 안전, 자율성, 자기효능감, 집단효능감, 임파워먼트, 전문적 참여 등 일련의 통합된 요소가 있다. 이러한 통합적 요소(unifying elements)는 학교문화를 만들고, 교사들과 학교 리더들이 공동의 책임과 행동을 하도록 이끌어 준다.

[그림 1-1]은 학교문화 프레임워크로 모든 장에서 언급되는 중요한 부분이기에 유념해서 보아야 한다. [그림 1-1]을 구체적으로 살펴보면 다음과 같다.

- 학교문화의 토대인 교사 목소리와 주도성은 학교문화를 이끄는 역할을 할 뿐만 아니라 통합적 요소를 통해 시너지 효과를 창출한다.
- 통합적 요소는 학교문화에 내재되어 있다.
- 통합적 요소의 역동적 특성은 학교문화에 긍정적 혹은 부정적인 영향을 미친다.

- 통합적 요소는 위, 아래 또는 동일한 수준에서 다양한 순서로 영향을 주고받는다는 점에서 위계적이거나 선형적이지 않다.
- 통합적 요소는 '블랙박스(black box)'로 존재하는 것이 아니라, 학교의 상황에 따라 상호작용하고 영향을 미친다.

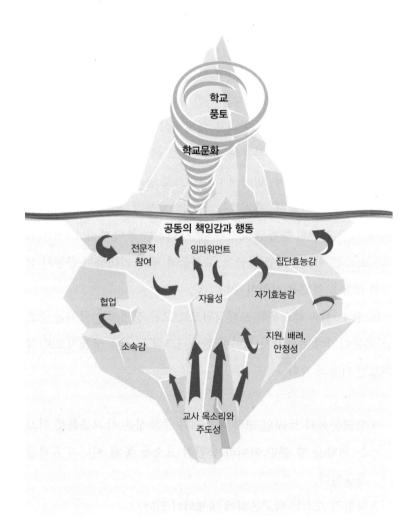

[그림 1-1] 학교문화 프레임워크

학교문화는 빙산 대부분과 마찬가지로 수면 아래에 있는 반면, 학교 풍토는 '빙산의 일각'처럼 겉으로 드러난다.

[그림 1-1]의 비유에서 핵심은 의도적으로 수면 아래를 들여다보지 않는 한, 학교문화를 개선하기 위해 중요한 통합적 요소가 무엇인지 또는 이것들을 어떻게 끌어내야 하는지 알 수 없다는 것이다. 다시 말해, 학교 풍토는 문화 내부에서 비롯되는 행동, 패턴, 의식, 근무환경 등이 구성원들의 상호작용 방식에 따라 겉으로 드러난다.

대부분의 학교문화에서 발견되는 통합적 요소 간에는 역동적인 상호작용이 있다. 이는 교직원 인사(퇴직하는 교사를 대체할 새로운 교사 채용), 인구통계학적 변화(학생 및 지역사회), 새로운 위치와 시스템 리더십(System Leadership)[2] 등 다양한 원인에 의해 변화한다.

통합적 요소들은 서로 영향을 주고받으며 긴장을 조성하는 역학 관계에 있다. 예를 들어, 자율성과 협업 간의 역학 관계를 생각해 보라. 학교 리더들은 교사들이 팀으로 일하기를 바라면서 동시에 교사들이 각자의 교실에서 학생들의 필요에 따라 독립적으로 일하며, 판단하고, 개선책을 마련하기를 바란다. 이 사례에서 살펴볼 수 있는 자율성과 협업 간의 관계와 같은 이러한 긴장이 만들어 내는 무한한 가능성을 통해 긍정적인 학교문화는 발전할 수 있다. 이런 긴장 속에서 해결책이 나오고 다양한 관점이 수렴되어 발전할 수 있다.

모두를 전폭적으로 지원하는 학교문화의 토대는 교사의 목소리와 주도성을 통해 체계적으로 만들어진다. 따라서 학교문화 혁신에

---

2) 역자 주: 시스템 리더십(System Leadership)은 모든 개인이나 조직이 시스템 수준의 변화 과정을 촉진, 활성화하고, 지원하는 데 사용할 수 있는 일련의 기술과 역량으로, 협력적 리더십(collaborative leadership), 집단구성(coalition-building), 조직분석(systems insight)으로 구성된다.(출처: https://www.weforum.org/agenda/2019/09/systems-leadership-can-change-the-world-but-what-does-it-mean/)

있어 교사 목소리와 주도성의 중요성과 역할을 명확하게 이해하는
것이 필요하다.

4. 교사 목소리와 주도성 명확히 하기

가르치고, 배우고, 선도하는 학교의 일은 매우 복잡하며, 학교를
이끄는 일은 더 이상 교장에게만 해당하지 않는다. 교사 목소리와
주도성은 학교 구성원들이 학습하고 성장하는 일에 참여할 수 있는
학교문화를 구축하는 데 도움을 준다. 교사는 학교에서 가장 소중한
자원이며, 뛰어난 전문성을 가지고 있다. 이러한 전문성의 결과로
교사가 소속감을 느끼고, 변화를 일으키며, 교사들의 말과 생각이
존중받는 문화를 구축하고 유지하는 것이 중요하다.

학교 리더십은 학교의 원활한 기능과 지속적인 발전을 위해 무척
중요하다. 학교문화는 교사와 학교 리더가 함께 하고 있지만, 지속
적인 개선과 발전을 지원하는 리더의 역할은 여전히 중요하다. 교사
목소리와 주도성이 발휘되지 않는다면, 학교 리더로서 긍정적인 학
교문화를 조성하는 것은 거의 불가능하다. 교사 목소리와 주도성을
활용하면 과거의 하향식(top-down) 접근 방식과는 다르게 학교를
개선할 수 있을 것이다. 교사 목소리와 주도성을 통해 체계적이고
지속적인 변화로 학교문화를 발전시킬 수 있다.

교사 목소리와 주도성은 독립적으로 존재하는 개념이 아닌 교사
가 학교라는 매우 구체적인 맥락에서 경험하고, 발전시키고, 실행하
는 상호 연관된 개념이다. [그림 1-1]을 다시 살펴보면 소속감, 자율
성 등과 같은 많은 통합적 요소가 있다. 통합적 요소는 상호작용하

며 서로 영향을 주기 때문에, 각각의 요소를 독립적으로 보는 것은 지극히 단편적인 시각이다. 이러한 통합적 요소는 복잡하며, 학교라는 직장의 여러 근무 조건과 구성원들 간의 교류 그리고 교사와 학교 리더의 신념과 태도에 따라 달라진다.

학교문화 발전의 발판이 되는 교사 목소리와 주도성이 통제하기 어려운 미끄러운 경사면에 놓여 있다고 생각할 수 있다. 그렇다면 속도를 늦추라. 교사 목소리와 주도성에 대한 기본 전제는 리더와 교사가 학교문화 조성을 위해 지속적으로 참여할 수 있는 기반을 마련하는 것이다. 교사 목소리는 교사 주도성, 자율성, 임파워먼트로 가는 관문이라 할 수 있다.

1) 교사 목소리 정의

학생의 성적에 대한 책임을 교사에게 돌리는 시대를 거치면서, 교사들은 "교육개혁의 종착점(endpoint of educational reform), 즉 가장 늦게 듣고, 가장 나중에 알고, 가장 나중에 말할 수 있는, 주로 개혁의 참여자가 아니라 개혁의 대상(objects of reform)이 되었다"(Hargreaves & Shirley, 2011, p.1). 교사 목소리는 자주 간과되었으며, 심지어 계획 수립이나 정책 결정 과정에서 무시되기도 하였다(Gozali et al., 2017). 학교문화와 관련하여 교사 목소리가 중요하다는 것을 고려할 때, 교사 목소리의 개념에 대한 이해는 무척 중요하다.

교사 목소리는 광범위하게 연구되면서, 시대나 시기에 따라 그 정의가 미묘하게 바뀌어 왔다. 그러나 교사 목소리와 주도성의 발현 조건은 실제 현장에서 명확하게 확인된다. 이를 적용한 정의를 콰글리아 연구소(Quaglia Institute, 2020)에서는 다음과 같이 제시하였다.

> 목소리란 신뢰와 존중이 있는 환경에서 생각과 아이디어를 공유하고, 공
> 공의 선(good of the whole)을 위해 현실적인 제안을 하며, 말한 것뿐만
> 아니라 실행해야 할 것에 대해서도 책임을 지는 것이다.

(p. 1, 원문에서 강조)

이 정의에는 교사와 리더가 서로를 대하는 방식을 가리키는 '신뢰 (trust)'와 '존중(respect)'과 같은 단어가 포함되어 있으며, 개인적인 것에서 집단적인 '공공의 선(good of the whole)'으로 이끄는 '책임 수용(accepting responsibility)'과 같은 특정한 행동을 기술하는 문구도 확인할 수 있다.

교사 참여를 통해, 학교는 교사의 지식과 경험을 활용할 수 있다 (Coutts, 2018). 게다가 "교사들은 자신의 목소리가 가진 힘을 발견하면서, 학생에게 권한을 부여하는 영향력 있는 교육자(critical educators) 로서의 자기 역할을 새롭게 발견할 수 있다"(View & DeMulder, 2009, p. 35). 또한 교사가 자신의 목소리를 통해 학교문화를 개선하는 경험을 하게 되면, 이 노력은 지속될 수 있다.

학교 리더들은 이제, 자신의 목소리를 내는 교사들이 수업 개선을 위해 개인적이고 집단적인 노력을 효과적으로 활용하고 다른 교사들과 협력적으로 일한다는 것을 깨닫고 있다. 리더들은 교사들이 교육과정과 수업, 전문성 개발을 주도하고, 학교 정책과 계획을 수립하는 과정에 참여하는 협력의 기회를 만들어, 교사의 목소리를 지원한다.

교사 목소리는 다른 이유에서도 중요하다. Quaglia Institute(2020) 는 교사 목소리 프레임워크(Voice Framework)에서 교사가 자신의 업무에서 성취감을 얻을 수 있는 환경에서 교사와 리더가 소속감을

고취할 때, 자존감(self-worth)을 높이는 핵심 원칙이 일부 달성된다고 주장한다([그림 1-1] 참조). 이러한 성취감이 없다면 교사의 교직 이직률은 더 높아질 것이며, 경력 5년 차까지 교직에 입문한 교사의 최대 50%가 이직하는 등 악영향을 줄 것이다. 학교 리더들이 교사 목소리의 가치를 인식하고 나아가 목소리에서 비롯된 행동인 교사 주도성을 목소리와 연결할 수 있을 때, 학교는 더욱 발전할 수 있을 것이다.

2) 교사 주도성 정의

교사 주도성은 교사의 목소리를 행동으로 옮길 수 있는 환경을 만들어 준다. 교사 주도성은 교사가 자신의 행동, 성찰, 관계를 통해 참여하는 개인적이고 집단적인 관점 모두에서 다양한 방식으로 제시되었다. 비에스타 등(Biesta et al., 2017)은 교사 주도성을 "일상적인 실천을 통제하고 방향을 제시하는 것으로, 그러한 실천은 교사의 판단과 행동의 결과일 뿐만 아니라 교사가 근무하는 학교의 구조화된 문화에 의해서도 형성된다는 점을 염두에 두어야 한다"(p. 39)고 보았다. 호케 등(Hökkä et al., 2017)은 "전문적 공동체가 교사들의 업무와 직업 정체성에 영향을 미치는 방식으로 영향력을 행사하고 선택하며 입장을 취할 때" 공동 주도성(collective agency)이 나타난다고 주장하였다(p. 38, 원문에서 강조).

순환적(iterative) 과정으로서 주도성은 시간이 지남에 따라 서서히 발전하며 신념과 가치에 의해 형성된다(Emirbayer & Mische, 1998). 주도성을 발휘하려면 교사는 다음을 수행해야 한다.

- 목적의식과 이 목적에 영향력을 행사할 수 있다는 신념을 갖는 다(King & Nomikou, 2018; Pantic, 2017).
- 관계를 통해 자원을 모으고, 행동을 취하고, 위험을 감수한다 (Hökkä et al., 2017; Pantic, 2017).
- 행동, 선택, 신념에 대해 계속해서 성찰한다(Bandura, 2006; Biesta et al., 2017; Tao & Gao, 2017).
- 자신감을 가지고 행동할 수 있는 자율성과 권한을 부여받는다 (Molla & Nolan, 2020; Pantic, 2017).

주도성은 "행위자와 그들이 행동하는 환경 사이의 관계에 관한 것"(Biesta et al, 2017, p. 40)으로, 이는 학교문화에 모두 내재되어 있다. 주도성은 교사가 "(a) 자율적으로 결정을 내리고, (b) 목적과 가치에 대한 숙고를 바탕으로 결정을 내리고, (c) 결정에 따라 행동하고, (d) 실천에 변화를 가져올 수 있을 때"(Molla & Nolan, 2020, p. 72) 발현된다.

주도성에 대한 이러한 생각은 성인 학습자에 대해 우리가 알고 있는 것과 일치하며 직무 내재적 전문적 학습을 뒷받침하는 이론과 유사하다(Zepeda, 2019). 전문적 학습에서의 교사 주도성은 교사가 수업 전문성 신장을 위해 노력함에 따라 꾸준하게 발전해 왔다 (Calvert, 2016; Molla & Nolan, 2020; Philpott & Oates, 2017; Zepeda, 2015, 2019). 이러한 관점에서 교사 주도성은 "교사가 자신의 전문적 성장을 이끌고(direct their professional growth) 동료의 성장에 기여하기(contribute to the growth of their colleagues) 위해 의도적이고 건설적으로 행동하는 능력이다"(Calvert, 2016, p. 4, 원문에서 강조).

학습문화에서 교사들은 협력적인 노력을 하고 있으며, (1) 자신의 신념, (2) 자신의 경험, (3) 다른 사람들과 공동으로 구축한 지식을 바탕으로 행동하기 위해 노력한다(제5장 참조). 개선을 위한 교사의 의사결정과 노력을 지원하는 문화 속에서만 개인적, 공동의 주도성은 성장할 수 있다(Zepeda, 2018). 그러한 문화의 중심에는 신뢰의 토대가 있다. 교사들은 "위험을 감수할 수 있는 신뢰(trusted to take risks)를 필요로 하고 원한다"(Hauserman & Stick, 2013, p. 196). 차넨모란(Tschannen-Moran, 2014)은 다음과 같이 말하였다.

> 서로 신뢰하는 교장과 교사는 학교 교육의 어려운 문제들을 해결하는 데 더 잘 협력할 수 있다. 이러한 리더는 교사가 더 높은 수준의 노력과 성취로 나아가도록 격려하는 데 도움이 되는 유대감을 형성한다.
>
> (p. 13)

● 문화 이끌기: 학교문화 이해를 위한 성찰 ●

• 교사 목소리와 주도성 만들기
 - 학교문화는 교사 목소리와 주도성을 바탕으로 조성된다.
 - 교사 목소리는 교사들이 서로 존중하고 신뢰하는 학교문화 속에서 생각이나 아이디어를 공유할 때 발생한다.
 - 교사 주도성은 교사들이 목적을 가지고 건설적으로 행동할 수 있도록 권한을 부여(empowered)함으로써, 교사들의 목소리를 행동으로 전환하는 것이다.

• 교사 목소리와 주도성 지원하기
 - 학교에서 교사 목소리가 어떻게 반영되고 있는지 파악하고 있는가?

교사 목소리와 주도성을 활용하기 위해, 리더는 학교문화와 임파
워먼트, 자율성, 자기효능감, 집단효능감에 대한 근본적이고 중첩적
이며 전반적인 원칙을 살펴봐야 한다. 이는 교사를 학교문화의 리더
로 육성하는 데 중점을 두고 있다.

5. 학교문화 리더로서의 교사

학교문화를 구축하려면, 리더는 교사가 전문가로서 성장할 수 있
는 근무환경을 조성해야 한다. 교사에게 다음과 같은 환경을 마련해
주어야 학교문화의 리더로 자리매김할 수 있다.

- 권한이 있고(empowered),
- 자신의 업무에 대한 비판적 판단에 따라 행동할 수 있어야 하며
  (자율성),
- 학교 정책과 추진과정 수립에 관여하고,
- 의사 결정 과정에 참여하고,
- 공유 공간에서 다른 사람들과 협업하도록 장려되며,
- 학교혁신은 공동의(collective) 목소리와 행동이 성공으로 이어
  진다는 믿음(집단효능감)에서 출발하기 때문에, 교사 자신들이
  성공할 수 있다는 믿음(자기효능감)을 가져야 한다.

교사들은 그들의 학교에서 진정한 문화 리더이다. 교사들이 가지고 있는 탁월함에 대해 생각해 보라. 교사들은 자신이 맡은 학생들에 대한 책임을 지고 최전선에 서 있으며, 학교의 사명을 실천하고, 자신이 근무하는 지역사회에서 폭넓게 소통한다. 교사는 학생들을 교육하고, 이를 지원하는 일에 앞장서는 선구자이다.

교사는 학생, 동료, 학교 리더, 지역사회 구성원과의 상호작용을 통해 학교 안팎의 문화에 영향을 미칠 수 있다. 교사 목소리를 포용하는 학교 리더들은 학교와 지역사회의 끊임없이 변화하는 요구에 반응하는 문화 리더들을 양성하는 데 필요한 주도성을 증진시킬 수 있다.

학교 리더가 전략적으로 대응하려면, 학교문화의 영향에 대한 교사의 영향력을 이해하고 확대해야 한다. 첫 번째 단계는 임파워먼트, 자율성, 자기효능감, 집단효능감 간의 연관성을 인식하여 "권한이 있는 전문가로서 역할을 다하는 교사의 공동의(collective) 영향력"을 실현하는 것이다(Marks & Louis, 1999, p. 708). 또한 킬리언 등(Killion et al., 2016)은 리더들이 건강한 학교문화 요소인 관계적 신뢰, 공동의 책임, 지속적인 발전에 대한 헌신, 인정, 자율성을 이해하는 것이 중요하다고 주장하였다.

1) 교사를 지원하기 위한 연결 고리 만들기

[그림 1-1]과 문헌들을 자세히 살펴보면, 교사 목소리와 주도성, 학교문화와 관련된 임파워먼트, 자율성, 자기효능감, 집단효능감 간의 연관성을 알 수 있다. [그림 1-2]와 같이, 구성 요소들 사이의 상당한 중첩 구조를 확인할 수 있다.

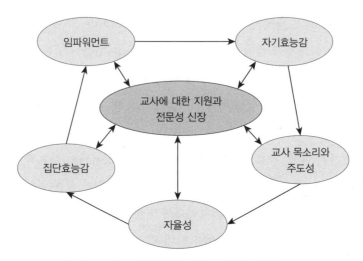

[그림 1-2] 교사 전문성 신장을 지원하는 중첩 구조

이 구성 요소들이 어떻게 중첩되는지 이해하기 위해 각 요소에 대한 정의를 제시하고, 이 요소들이 학교문화 및 업무와 어떤 연관성이 있는지 살펴보고자 한다. 이러한 구조는 복잡하고 순환적이며, 학교문화는 교사의 특성, 상대적 경험 수준, 학교 현장의 기존 문화 등과 같은 변수를 고려하여 맥락에 따라 이해해야 함을 나타낸다.

2) 이전의 임파워먼트

학교에서의 교사 임파워먼트는 학교 개혁 및 혁신(Lieberman & Miller, 1990; Sarason, 1992), 학교 개선을 위한 변혁적 리더십(Duke, 1987), 교사 리더십 증진 방안 (Boles & Troen, 1992; Owens, 2004) 등과 같은 움직임과 함께 발전해 왔다. 이러한 노력은 교사에게 정책과 추진 과정의 의사결정자가 되고(Marks & Louis, 1997; Short & Rinehart, 1992; Wasley, 1991), 스스로 역량을 습득하고 개발하며

(Short, 1994), 협업할 수 있는 안전한 공간에서 동료애와 팀워크를 촉진하는 근무 여건을 조성하는 데 새로운 역할을 부여하였다 (Rosenholtz, 1991).

학교 교육의 책무성을 강조한 「아동낙오방지법(NCLB, 2002)[3]」 시기에는 표준화된 시험, 국가적 기준, 규정된 교육과정, 진도 지침, 수업의 일상화가 중요시되었고, 교사 임파워먼트는 무척 소홀히 여겨졌다(Pinar, 2012). 교사 임파워먼트는 개별 학생의 학업성취도 원인을 학교와 교사로 연결하는 부가가치 측정(value-added measures)에 기반한 교사 평가[4]로 대체되었다. 결국, 이 시기 교사 효과성의 상당 부분은 사전에 정해진 측정 기준에 비추어 학생들이 얼마나 잘 수행했는지로 결정되었고, 교사의 교실 및 학교 전체에 대한 의사결정 권한은 매우 제한적이었다.

3) 지금의 임파워먼트

연방 정부의 분권화 움직임과 교사 평가 및 전문성 개발과 같은 문제에 대한 「초·중등교육법」(예: 2015년의 「모든학생성공법」[5]) 제

---

3) 역자 주: 「아동낙오방지법(No Child Left Behind: NCLB)」은 일반교육과정에서 낙오하는 학생이 없도록 하기 위한 법으로 미국의 각 주에서 정한 성취기준을 성취도 평가를 통해 만족시켜야 하고, 그 기준을 만족시키지 못한 학교와 교사, 그리고 학생은 제재를 받는 법임. 다시 말해, 그 어떤 연방법보다도 강하게 학교와 교사에게 책무성을 요구했고, 실패에 대한 처벌 규정을 포함하고 있음(Sergiovanni, 2009).

4) 역자 주: 부가가치 측정에 기반한 교사 평가는 2002년 「NCLB법」의 통과는 학생 개인이나 가정환경 변수에 관계없이 주에서 정한 성취 목표를 달성해야 한다는 의무를 부과함에 따라, 교사의 책무성을 담보하기 위한 평가의 일환으로 학생의 학업성취도를 직접 측정한 후 교사 효과를 분리하여 교사의 부가가치를 산정하는 평가임(김이경, 2011).

5) 역자 주: 「모든학생성공법(Every Student Succeeds Act: ESSA)」은 미국 초·중등교육의 모범인 국가 「초·중등교육법」을 토대로 제정된 연방교육수정법인 「아동낙오방지법(NCLB)」의 성과와 한계를 재평가하여 수정된 법안임.

정으로 교사를 평가하는 데 사용되는 지표가 축소되면서 교사와 리더가 교수 및 학습에 대한 대화에 참여할 수 있는 공간이 마련되었다. 전문적 학습공동체와 수업 코치로서 핵심적인 역할을 수행하는 교사 리더들의 등장은 교사들이 대화를 주도하고 학생의 학습을 지원하는 결정을 내릴 수 있도록 참여와 권한을 부여하는 수단으로 작용하였다.

코로나19 팬데믹에는 새로운 기술이 교사들의 가르치는 방식, 동료와 소통하는 방식, 교육과정과 수업 지도에 대해 의사 결정하는 방식을 바꾸면서 학교의 모습과 의식(rituals)이 바뀌게 되었다 (Zepeda & Lanoue, 2021). 몇 시간 만에 중요한 결정들이 수차례 이루어지는 상황에서 교사들은 학교 리더들과 마찬가지인 하루를 보냈다. 학교문화와 근무환경은 예고 없이 변화하였다. 학습 방식과 대안이 끊임없이 바뀌면서 교사들은 일과 가정생활의 균형을 최대한 맞추면서 24시간 내내 고립된 채로 계획을 세워야 했다. 안전을 위한 조건이 교육적 결정에 지속적으로 영향을 미치면서 학교문화의 핵심 원칙은 많은 갈등을 겪었다. 오늘날의 임파워먼트는 재구성되어(reshaped) 정의되고 있다.

4) 임파워먼트 정의

"권한이 부여된 개인은 상황에 대처하고 개선할 수 있는 기술 (skills)과 지식이 있다고 믿기 때문에(Short, 1994, p. 488)" 임파워먼트를 장려하는 것은 역량 구축을 위한 투자이다. 임파워먼트의 기본은 "개인이 자율성, 책임, 선택, 권한을 가질 수 있는 기회를 의미한다(Lightfoot, 1986, p. 9)." [그림 1-2]에서 볼 수 있듯이, 임파워먼트

〈표 1-1〉 **임파워먼트의 6가지 차원**

임파워먼트 차원	설명
의사 결정	교사들은 자신의 업무에 영향을 미치는 문제에 대해 결정할 권한이 있으며, 자신들과 관련된 변화를 규정할 수 있는 주도성이 있음
교사의 영향력	교사들은 자신의 업무가 학생과 학교에 영향을 미칠 것이라고 믿음
교사 지위	교사는 동료와 학교 리더로부터 자신의 전문성을 존중받고 있다고 느낌
업무에 대한 자율성	교사들은 의사결정을 내리고 변화를 규정할 수 있는 자유가 있다고 느낌
전문적 성장을 위한 기회	전문적 성장은 고도로 맞춤화(personalized)되어 있음. 교사들은 선택권이 있으며, 학교가 배움을 지속할 수 있는 기회를 제공한다고 믿음
교사의 자기효능감	교사들은 학생이 학습할 수 있도록 돕는 지식과 기술을 가지고 있기에 그들의 일이 성공적일 수 있다고 믿음

출처: Short (1994); Short & Rinehart (1992).

는 [그림 1-1]에 제시된 학교문화의 통합적 요소와 중복된다.

임파워먼트를 6가지 차원으로 구분한 쇼트(Short, 1994)의 연구 결과(〈표 1-1〉)에서 알 수 있듯이, 임파워먼트는 선형적인 것이 아니라 다차원적인 과정이다.

임파워먼트가 학교 개선에 중요한 이유는 "임파워먼트를 높게 지각하는 교사들은 자신이 조직의 업무에 영향을 미칠 수 있다고 믿는다. 또한, 문제를 파악하고, 변화시키려 노력하며, 궁극적으로 조직의 성과에 책임을 질 수 있는 힘이 자신에게 있다고 인식하기 때문이다(Short & Rinehart, 1992, p. 13)." 권한이 부여된 교사는 효과적인 학교 개선 결정으로 이어지는 "교육 문제에 대해 더 폭넓은 목소리(a broader voice)를 낼 수 있다"(Harpell & Andrews, 2010, p. 191)고 한다.

교사에게 권한을 부여하는 것의 이점은 여러 문헌에 걸쳐 일관되게 나타나고 있다. 임파워먼트의 이점은 다음과 같다.

- 학교에서의 조직적, 전문적 의무와 시민의식 행동을 지원한다 (Bolger & Somech, 2004).
- 더 높은 수준의 직무 만족도를 갖는다(Bolger & Nir, 2012).
- 위험 감수를 촉진한다(Trust, 2017).
- 협업을 촉진한다(Balyer et al., 2017).
- 교사 리더십을 증진한다(Avidov-Ungar & Arviv-Elyashiv, 2018).

학교 리더들은 교실 수준의 결정에 대한 권한을 공유하고 정책 및 절차 수립과 같은 더 큰 문제에서 교사 의견을 장려함으로써 임파워먼트를 지원할 수 있다. 이 논의과정에서 자율성, 자기효능감, 집단 효능감 등 중첩된 개념들을 확인할 수 있다.

5) 자율성

자율성(autonomy)은 교사들이 자신의 업무에 영향력과 통제권이 있음을 나타내는 임파워먼트의 한 차원(dimension)이다. 예를 들어, 자신의 일정, 교과서와 교육과정을 결정 내리는 것을 포함한다. 자율적인 교사는 일상 업무와 관련한 문제에 높은 수준의 통제력을 갖는다. 자율성은 교사가 학생의 필요를 반영하고 결과를 더 잘 통제하기 위해 '상황을 변화시킬(change things up)' 수 있는 재량권을 갖는 것이다. 자율성을 가진 교사들은 배우고, 전문가로서 성장하고, 주도성을 발휘하기 위해 노력한다.

자율성은 독립성(independence), 책임감(responsibility), 결정을 내릴 수 있는 재량권을 의미한다(Honig & Rainey, 2012; Strong & Yoshida, 2014). 또한, 잉거솔과 메이(Ingersoll & May, 2011)는 자율성이 높아지면 교사 이직률이 낮아지고, 자율성이 낮아지면 직무 만족도가 낮아진다는 사실을 발견하였다(Torres, 2014).

시스템 정책, 노동조합 협약 등은 교사가 결정할 수 있는 자율성의 수준을 제한할 수 있다. 벨리어 등(Balyer et al., 2017)은 자율성과 자기효능감 관점에서 임파워먼트를 살펴보았다. 자율성이 부여되면 교사는 성공할 수 있다는 믿음인 자기효능감을 발휘하여 위험을 감수하고 자신의 기술(skills)을 개발할 가능성이 높아진다.

교사는 경력을 쌓아 감에 따라 자율성을 발전시키므로, 학교 리더는 교사들의 전문적 성장에 대한 요구를 반드시 파악해야 한다. 세라와트(Sehrawat, 2014)는 교사 자율성은 개인적이고 전문적인 개선의 필요에 의해 주도된다는 것을 자세히 설명한다. 교사 자율성 증진을 위해 리더와 교사는 다음을 수용하고 이해해야 한다.

- 교사 자율성은 학생들의 다양한 요구를 충족시킬 수 있는 학습 환경을 보장하는 데 필수적이다.
- 개인적이고 전문적인 발전의 필요성에 의해 교사 자율성이 개발되므로 자율적인 교사는 더 발전하기 위해 노력한다.
- 자율적인 교사는 책임감을 느껴 자발적으로 워크숍에 참석하며, 새로운 수업 아이디어를 제시한다.
- 교사 자율성은 다른 사람들과 협력하여 교사로서 자신에게 적합한 기술, 지식, 태도를 개발할 수 있는 능력을 말한다.
- 교사는 혁신하고, 적절한 의사소통 방법을 생각해 내고, 사회의

관심사와 관련된 활동을 할 수 있는 자유를 가져야 한다.

• 자율적인 교사는 가상 학습 환경에서 더 자신감을 가질 수 있다.
• 교사 자율성은 학생의 요구, 흥미, 동기에 따라 교육적 지원을 개별화하는 데 필요하다.

(p. 8)

자기효능감으로 일컬어지는 자신에 대한 믿음(a belief in oneself)은 자율성을 형성하고, 교사 주도성을 발휘하게 하는 데 필요한 목소리를 내게 한다.

6) 자기효능감

밴듀라(Bandura, 1997)는 자기효능감(self-efficacy)을 "성취하는 데 필요한 실천 과정을 계획하고 실행할 수 있는 자신의 능력에 대한 믿음"(beliefs in one's capabilities)(p. 3)으로 정의하였다. Tschannen-Moran 등(1998)은 교육적 맥락에서 교사 효능감을 "특정 상황에서 특정한 교수 과제를 성공적으로 수행하는 데 필요한 실천 과정을 계획하고 실행할 수 있는 교사 자신의 능력에 대한 믿음"(p. 233)으로 정의하였다.

교사와 함께 일하는 학교 리더에게 중요한 고려 사항은 다음과 같다.

• 교육자의 자기효능감은 시간이 지남에 따라 변화한다는 점에서 고정된 개념이 아니다(Voo, 2016). 자기효능감에 긍정적인 영향을 미칠 수 있는 요인 중 하나는 전문성 개발이다.

• 문화는 자기효능감에 영향을 미친다. 학교 리더가 지지하는 학
 교문화(supportive culture)를 조성하면, 교사들의 자기효능감이
 향상되고 전반적인 직무 만족도도 높아진다(Aldridge & Fraser,
 2016; Hallinger et al., 2018).

7) 집단효능감

집단효능감(collective efficacy)은 교사들이 집단으로서 주어진 과
제를 함께 성취할 수 있다는 믿음으로 정의된다. 고다드와 고다드
(Goddard & Goddard, 2001)는 "교사가 교사 집단의 역량을 높이 평
가하는 경우, 성공적인 수업에 대한 기대감을 느낄 수 있으며, 따
라서 교사들 스스로 성공하기 위해 노력할 것"이라고 주장하였다
(pp. 815-816). 또한 교사의 집단효능감은 모든 학생이 성공할 수 있
는 문화를 구축하는 데 필수적이다(Tschannen-Moran & Barr, 2004,
p. 190).

● 문화 이끌기: 학교문화 이해를 위한 성찰 ●

• 교사 임파워먼트, 자율성, 자기효능감, 집단효능감 조성하기
 − 교사 임파워먼트는 학교의 문제를 파악하고 긍정적으로 변화시킴으로
  써 학교문화에 영향을 미칠 수 있다.
 − 교사에게 자율성이 있다면 일상 업무와 관련된 결정을 내릴 때 높은 수
  준의 자유를 느낄 수 있다.
 − 효능감은 교사 개인이나 집단이 자신들이 의미 있는 변화를 만들 수 있
  다고 믿을 때 개발된다.

> • 교사 임파워먼트, 자율성, 자기효능감, 집단효능감 지원하기
>   - 여러분의 학교에서 교사 임파워먼트가 어떻게 정의되고, 수립되고, 수용되는가?
>   - 여러분의 학교에서 마련된 교사 개인이나 집단적 자율성 지원 방안은 무엇인가?
>   - 교사 임파워먼트와 자율성이 어떻게 자기효능감과 집단효능감으로 이어지는가?

6. 나가며: 요약

학교의 성공과 실패는 학교문화와 풍토에 달려 있다. 빙산처럼 학교문화는 수면 아래에 존재하며, 학교 풍토는 '빙산의 일각(tip of the iceberg)'처럼 겉으로 드러난다. 학교문화는 학교 리더의 의도적이고 전략적이며 일관된 행동과 결정을 통해 발전하며, 이 중 가장 중요한 것은 교사 목소리와 주도성이다.

교사 목소리와 주도성에는 임파워먼트, 자율성, 자기효능감, 집단효능감 등의 요소들이 있다. 학교 리더는 자신이 교사의 목소리와 주도성을 제대로 이해했는지, 스스로 성찰하는 '자가 점검(gut check)'을 해야 한다. 교사의 목소리와 주도성의 요소들을 일관되게 정의하고, 우선순위를 매기고, 평가해야 한다. 학교 리더가 이 일을 이해하지 못하면, 학교문화 혁신을 이끌 수 없다.

● 실천 이끌기: 학교문화 혁신을 위한 실천 ●

• 여러분의 학교에서 교사 목소리와 주도성 분석하기
  – 모든 교사가 함께 참여하여, 여러분의 학교를 위한 교사 목소리와 주도성을 정의해 보자.

• 교사의 목소리와 주도성에 관한 절차 개발하기
  – 모든 교사가 함께, 이러한 정의들을 지원하거나 방해하는 절차에 대해 파악해 보자.

• 교사의 목소리와 주도성 활용을 위한 전략 실행하기
  – 교사의 관심사, 전문 분야, 학교의 필요에 따라 교사가 참여할 수 있는 기회를 어떻게 만드는지 생각해 보자.

📖 읽기자료

Durrant, J. (2020). *Teacher agency, professional development and school improvement*. Routledge.

Good, A. G. (2018). *Teachers at the table: Voice, agency, and advocacy in educational policymaking*. Rowman & Littlefield.

Qyaglia, R. J. & Lande, L. L(2016). *Teacher voice: Amplifying success*. Corwin Press.

📖 참고문헌

Aldridge, J. M., & Fraser, B. J. (2016). Teachers' views of their school climate and its relationship with teacher self-efficacy and job satisfaction. *Learning Environments Research, 19*(2), 291-307. https://doi.org/lO.1007/s10984-015-9198-x

Avidov-Ungar, A., & Arviv-Elyashiv, R. (2018). Teacher perceptions of empowerment and promotion during reforms. *International Journal of Educational Management, 32*(1), 155-170. https:// doi.org/ lo.1108/IJEAl-of-2017-0002

Balyer, A., Ozcan, K., & Yildiz, A. (2017). Teacher empowerment: School administrator roles. *Eurasian Journal of Educational Research, 70*(1), 1-18. http://ejer.com.tr

Bandura, A. (1997). *Self-efficacy: The exercise of control*. W.H. Freeman and Company.

Bandura, A. (2006). Toward a psychology of human agency: Perspectives on psychological science. *Association for Psychological Science, 1*(2), 164-180. https://doi.org/10.1111/j.1745-6916.2006.00011.x

Biesta, G., Priestley, M., & Robinson, S. (2017). Talking about education:

Exploring the significance of teachers' talk for teacher agency. *Journal of Curriculum Studies, 49*(1), 38-54. https://doi.org/10.108 0/00220272.2016.1205143

Boles, K., & Troen, V. (1992). How teachers make restructuring happen. *Educational Leadership, 49*(5), 53-56. www.ascd.org/publications/ educational-leader ship.aspx

Bolger, R., & Nir, A. E. (2012). The importance of teachers' perceived organizational support to job satisfaction: What's empowerment got to do with it? *Journal of Educational Administration, 50*(3), 287-206. https://doi.org/10.1108/09578231211223310

Bolger, R., & Somech, A. (2004). Influence of teacher empowerment on teachers' organizational commitment, professional commitment and organizational citizenship behavior in schools. *Teaching and Teacher Education, 20*(2004), 277-289. https://doi.org/10.1016/ j.tate.2004.02.003

Calvert, L. (2016). Moving from compliance to agency: What teachers need to make professional learning work. *Learning Forward.* https://learningforward.org/publications/teacher-agency

Cansoy, R., & Parlar, H. (2017). Examining the relationship between school culture and teacher leadership. *International Online Journal of Educational Sciences, 9*(2), 310-322. https://iojes.net

Coutts, N. (2018, April). Teacher agency vs the collective voice. *The Learners Way.* https://thelearnersway.net /ideas/2018/4/22/ teacher- agency-vs-the-collective-voice

Duke, D. L. (1987). *School leadership and instructional improvement.* Random House Inc.

Emirbayer, M., & Mische, A. (1998). What is agency? *American Journal of Sociology, 103*(4), 962-1023. https://doi.org/10.1086/231294

ESSA. (2015). Every Student Succeeds Act of 2015, Pub. L. No. 114-95 §

114 Stat. 1177 (2015-2016). www.ed.gov/essa

Goddard, R. D., & Goddard, Y. L. (2001). A multilevel analysis of the relationship between teacher and collective efficacy in urban schools. *Teaching and Teacher Education, 17*(7), 807-818. https://doi.org/10.1016/S0742-051X(01)00032-4

Gozali, C., Thrush, E. C., Soto-Peña, Whang, C., & Luschei, T. F. (2017). Teacher voice in global conversations around educational access, equity, and quality. *FIRE: Forum for International Research in Education, 4*(1), 32-51.

Hallinger, P., Hosseingholizadeh, R., Hashemi, N., & Kouhsari, M. (2018). Do beliefs make a difference? Exploring how principal self-efficacy and instructional leadership impact teacher efficacy and commitment in Iran. *Educational Management Administration & Leadership, 46*(5), 800-819. https://doi.org/10.1177/17411432 17700283

Hargreaves, A., & Shirley, D. (2011). The far side of educational reform. *Canadian Teachers' Federation.* www.ctf-fce.ca

Harpell, J. V., & Andrews, J. J. (2010). Administrative leadership in the age of inclusion: Promoting best practices and teacher empowerment. *The Journal of Educational Thought (JET)/Revue De La Pensée Éducative, 44*(2), 189-210. www.jstor.org/stable/23767214

Hauserman, C. P., & Stick, S. L. (2013). The leadership teachers want from principals: Transformational. *Canadian Journal of Education, 36*(3), 184-203. https://cje-rce.ca/

Hökkä, P., Vähäsantanen, K., & Mahlakaarto, S. (2017). Teacher educators' collective professional agency and identity-transforming marginality to strength. *Teaching and Teacher Education, 63*(2017), 36-46. https://doi.org/10.1016/j.tate.2016.12.001

Honig, M. I., & Rainey, L. R. (2012). Autonomy and school improvement: What do we know and where do we go from here? *Educational Policy, 26*(3), 465-495. https://doi.org/10.1177/0895904811417590

Ingersoll, R. M., & May, H. (2011). The minority teacher shortage: Fact or fable? *The Phi Delta Kappan, 93*(1), 62-65. https://kappanonline.org

Killion, J., Harrison, C., Colton, A., Bryan, C., Delehant, A., & Cooke, D. (2016). *A systemic approach to elevating teacher leadership.* Leaning Forward.

King, H., & Nomikou, E. (2018). Fostering critical teacher agency: The impact of a science capital pedagogical approach. Pedagogy, *Culture & Society, 26*(1), 87-103. https://doi.org/10.1080/14681366.2017.1353539

Lieberman, A., & Miller, L. (1990). Restructuring schools: What matters and what works. *Phi Delta Kappan, 71*, 750-764. https://kappanonline.org

Lightfoot, S. L. (1986). On goodness of schools: Themes of empowerment. *Peabody Journal of Education, 63*(3), 9-28. https://doi.org/10.1080/01619568609538522

Marks, H. M., & Louis, K. S. (1997). Does teacher empowerment affect the classroom? The implications of teacher empowerment for instruction practice and student academic performance. *Educational Evaluation and Policy Analysis, 9*(3), 245-275. https://doi.org/10.3102/01623737019003245

Marks, H. M., & Louis, K. S. (1999). Teacher empowerment and the capacity for organizational learning. *Educational Administration Quarterly, 35*(5), 707-750. https://doi.org/10.1177/0013161X99355003

Molla, T., & Nolan, A. (2020). Teacher agency and professional practice.

Teachers and Teaching, 26(1), 67-87. https://doi.org/10.1080/1354
0602.2020.1740196

No Child Left Behind Act of 2002, Public Law PL 107-110. (2002).
www2. ed.gov/policy/elsec/leg/esea02/107-110.pdf

Owens, R. (2004). *Organization behavior in education: Adaptive
leadership and school reform* (8th ed.). Pearson Education.

Pantic, N. (2017). An exploratory study of teacher agency for social
justice. *Teaching and Teacher Education, 66*, 219-230. https://doi.
org/10.1016/j.tate.2017.04.008

Philpott, C., & Oates, C. (2017). Teacher agency and professional
learning communities: What can learning rounds in Scotland teach
us? *Professional Development in Education, 43*(3), 318-333.
https://doi.org/10.1080/19415257.2016.1180316

Pinar, W. F. (2012). *What is curriculum theory?* (2nd ed.). Routledge.

Quaglia Institute Voice & Aspirations. (2020). Voice definition. *A School
Voice Brief.* www.quaglinstitute.org

Rosenholtz, S. (1991). *Teacher's workplace.* Teachers College Press.

Sarason, S. B. (1992). *The predictable failure of educational reform: Can
we change course before it's too late?* Jossey-Bass.

Sehrawat, J. (2014). Teacher autonomy: Key to teaching success.
Bhartiyam International Journal of Education & Research, 4(1), 1-8.
ISSN:2277-1255.

Short, P. M. (1994). Defining teacher empowerment. *Education, 114*(4),
488-493. www.projectinnovationbi z/education_2006.html

Short, P. M., & Rinehart, J. S. (1992). School participant empowerment
scale: Assessment of the level of empowerment within the school
environment. *Educational and Psychological Measurement, 52*(4)
951-961. https://doi.org/10.1177/0013164492052004018

Strong, L. E. G., & Yoshida, R. K. (2014). Teachers' autonomy in today's educational climate: Current perceptions from an acceptable instrument. *Educational Studies, 50*(2), 123-145. https://doi.org/10 .1080/00131946.2014.880922

Tao, J., & Gao, X. (2017). Teacher agency and identity commitment in curricular reform. *Teaching and Teacher Education, 63*, 346-355. https://doi.org/ 10.1016/j.tate.2017.01.010

Torres, A. C. (2014). Are we architects or construction workers? Re-examining teacher autonomy and turnover in charter schools. *Education Policy Analysis Archives, 22*(124). http://doi.org/ 10.14507/epaa.v22.1614

Trust, T. (2017). Motivation, empowerment, and innovation: Teachers' beliefs about how participating in the Edmodo math subject community shapes teaching and learning. *Journal of Research on Technology in Education, 49*(1-2), 16-30. https:// doi.org/10.1080/ 15391523.2017.1291317TeacherVoice andAgency23

Tschannen-Moran, M. (2014). *Trust matters: Leadership for successful schools* (2nd ed.). Jossey-Bass.

Tschannen-Moran, M., & Barr, M. (2004). Fostering student learning: The relationship of collective teacher efficacy and student achievement. *Leadership and Policy in Schools, 3*(3), 189-209. https://doi.org/10.1080/15700760490503706

Tschannen-Moran, M., Woolfolk Hoy, A., & Hoy, W. K. (1998). Teacher efficacy: Its meaning and measure. *Review of Educational Research, 68*(2), 202-248. https://doi.org/10.3102 /00346543068002202

View, J. L., & DeMulder, E. K. (2009). Teacher as artist, intellectual, and citizen: Using a critical framework in teacher professional development that empowers voice and transforms practice. *Democracy and Education, 18*(2), 33-39.

Wasley, P. A. (1991). String the chalk dust: Tales of three teachers in the midst of change. *Teachers College Record, 93*(1), 28-58. www. tcrecord.org

Yoo, J. H. (2016). The effect of professional development on teacher efficacy and teachers' self analysis of their efficacy change. *Journal of Teacher Education for Sustainability, 18*(1), 84-94. https://doi. org/10.15 15/jtes-2016-0007

Zepeda, S. J. (2015). *Job-embedded professional development: Support, collaboration, and learning in schools.* Routledge.

Zepeda, S. J. (Ed.). (2018). *The Job-embedded nature of coaching: Lessons and insights for school leaders at all levels.* Rowman & Littlefield.

Zepeda, S. J. (2019). *Professional development: What works* (3rd ed.). Routledge.

Zepeda, S. J., & Lanoue, P. D. (2021). *K-12 school leaders navigate unknown futures: New narratives amid COVID-19.* Routledge.

제 **2** 장

학교문화의 이해와 구성

1. 학교문화 살펴보기

낮은 성적, 높은 교사 이직률에 학교 풍토와 문화까지 열악한 한 고등학교는 이 어려운 시기를 헤쳐 나갈 새로운 교장을 찾고 있었다. 교장임용위원회(Principal hiring committee)는 학교와 지역사회가 원하는 리더십이 무엇인지를 다양한 방법으로 조사하여, 새로운 교장에게 필요한 역량이 무엇인지 확인하였다. 모든 집단의 데이터를 분석한 결과, 흥미롭게도 학교문화가 가장 큰 관심사로 떠올랐다.

위원회는 학교가 다양한 교수모형과 수업 자료, 컨설팅 등 충분한 지원을 받고 있음에도 불구하고, 교실 수업은 여전히 일관성이 없고, 비효율적인 경우가 많다고 진단하였다. 많은 교사가 학교의 근무환경과 교사들이 학교를 떠난 주된 이유로 전임 교장을 꼽았다.

위원회는 학교문화에 초점을 맞추고자 했으나, 학교문화에 대한 합의된 정의를 도출하거나 학교 리더들이 문화에 미치는 영향을 명확하게 기술하기가 어려웠다. 결국, 위원회는 리더의 자질 개발에 도움이 되는 연구를 자체적으로 진행하기로 하였으며, 그 연구 내용은 다음을 포함하였다.

1. 학교문화와 풍토의 차이
2. 학교문화에 영향을 미치는 내부적, 외부적 요인

위원회는 이 연구를 통해, 문화 비전을 만들고 이끌어 갈 새 교장에게 필요한 자질이 무엇인지 구체적으로 제시할 수 있게 되었다.

2. 들어가며

학교문화는 학교 조직 내 구성원들의 상호작용에 영향을 미치는 기본 토대이다. 건강하고 활기찬 학교문화의 힘은 저절로 '생겨나는 (happen)' 것이 아니다. 문화는 개별 학교의 서로 다른 내·외부 요인들이 만들어 내는 독특하고 고유한 맥락 속에서 그 구성원들에 의해 세워진다.

리더들과 교사들이 학교문화의 힘과 학교문화와 풍토와의 관계를 이해하고 활용하는 능력은 학교를 혁신하고 학생들의 학습 수준 향상에 필수적이다. 이 장에서는 학교문화와 학교 풍토의 의미, 이에 영향을 미치는 내부 요인과 외부 요인에 대해 살펴보고자 한다.

3. 문화와 풍토의 차이

문화(culture)와 풍토(climate)는 비슷한 점이 많기에, 정확한 의미를 이해하는 데 어려움이 있다. 문화와 풍토는 밀접하게 연관되어 있으나, 미묘한 차이가 있다. 풍토는 학교의 '태도 또는 분위기 (attitude or mood)'로, 문화는 '학교의 특징 또는 가치(personality or values of the school)'로 구분할 수 있다(Kane et al., 2016, pp. 1-2). 풍토는 감각 기반(perception-based)이며, 문화는 공유된 가치와 신념 (shared values and beliefs)에 기반을 두고 있다(Gruenert, 2008). 다시 말해, 풍토는 사람들이 매일 느끼는 감정으로 가변적이나, 문화는 학교의 구성원들이 갖는 신념과 환경을 토대로 하여 만들어진다.

앞의 제1장 학교문화 프레임워크에서는 학교문화를 학교 풍토가 진화하는 토대가 되는 빙산으로 나타냈으며, 학교 풍토는 학교문화의 총합을 나타내는 수면 위 잘 보이는 빙산의 일각이고, 학교문화는 그 토대이다. 이 토대 안에는 문화에 영향을 미치는 일련의 통합적 요소(예: 교사 목소리, 주도성, 자율성 등)가 있다. 다시 말해, 풍토는 외적인 행동인 반면, 문화는 교사들이 함께 일하고, 협력하고, 공유하고, 서로를 지원하기 위해 책임을 지는 방식을 말한다. 또한, 문화는 학교의 정신이다. 중복되는 특징이 있기는 하지만, 무하마드(Muhammad, 2009)는 문화는 "우리가 여기에서 무엇을 하는 방식(the way we do things around here)"이고 풍토는 "우리가 여기에서 느끼는 방식(the way we feel around here)"이라고 정의했다(p. 19). 이제 문화와 풍토에 대한 의미를 구체적으로 살펴보며, 문화와 풍토의 의미를 명확히 이해할 수 있을 것이다.

1) 문화 정의

피터슨과 딜(Peterson & Deal, 1998)은 문화를 "사람들이 함께 일하고, 문제를 해결하고, 도전에 직면하면서 시간이 지남에 따라 축적된 규범, 가치, 신념, 전통 및 의식의 흐름"으로 정의했다(p. 28). 풀란(Fullan, 2015)은 학교의 신념과 가치가 학교문화의 토대라고 주장했다. 학교문화에 영향을 미치는 교사와 그들의 경험은 다음을 포함한다(Kohl et al., 2013).

• 주변 환경에 대한 개인의 인식
• 개인이 참여하는 다양한 환경(예: 가정, 지역사회)

- 이러한 다양한 환경에서 개인과 다른 사람들과의 관계
- 앞선 세 단계의 상호작용이 만들어 낸 문화

문화는 그 안에 있는 사람들의 행동 패턴과 상호작용을 통해 진화한다. 문화는 학교라는 상황에 내재되어 있기에 복잡하고 역동적이며, 그렇기에 정확하게 정의하기 어려운 경우가 많다.

앞의 제1장에서는 임파워먼트, 자율성, 자기효능감, 집단효능감과 함께 교사 목소리와 주도성을 살펴보았다. 이 요소들은 [그림 1-1]에서 볼 수 있는 통합적 요소 중 일부이며, 모두 문화 형성을 위해 상호작용하는 방식에서 상대적인 관계와 복잡성을 보여 준다. 뒤에서 살펴볼 제4장의 후반부에서 나오는 소속감과 배려의 정신은 이러한 통합적 요소를 통해 만들어지는 시너지 효과를 더욱 명확하게 보여 줄 것이다. 그리고 제3장에서는 긍정적인 문화와 부정적인 문화를 살펴볼 것이다. 문화는 풍토를 형성한다.

2) 풍토 정의

빙산([그림 1-1] 참조)에 묘사된 것처럼, 풍토의 지표들은 눈에 보인다. 그러나 우리 눈에 보이는 것들은 빙산의 일각일 뿐이다. 풍토는 문화의 영향으로 '끓어올라(bubbles up)' 형성된다. 코헨 등 (Cohen et al., 2009)에 따르면, 풍토는 학교생활의 질과 특징을 나타내며, 이는 "규범, 목표, 가치, 대인 관계, 교수학습사례, 조직 구조를 반영하는" 사람들의 경험 패턴에 기반한다(p.182). 그리고 이러한 경험 패턴이 문화에도 내재되어 있다는 점에서 문화와 풍토는 중첩된다.

전국학교 풍토센터(NSCC: The National School Climate Center[1])
(2018)는 (1) 비전 공유, (2) 학생 성장을 위한 정책과 실행, (3) 안전
하며 사회적 책임감을 느끼는 환경 등 긍정적인 학교 분위기를 조성
하는 데 도움이 되는 주요 관행에 대해 간략히 설명했다.

학교문화와 풍토는 모두 중요하다. 문화와 풍토의 교차점은 학교
라는 맥락 안에 있으며, 둘 다 내 · 외부 요인의 영향을 받는다. 각각
의 중심에는 개인적 및 집단적 경험과 학교의 기대 및 조직 구조에
따른 규범, 가치, 신념이 자리 잡고 있다.

● 문화 이끌기: 학교문화 이해를 위한 성찰 ●

- 학교문화와 풍토의 차이점 이해하기
  - 학교 리더는 학교문화와 풍토 사이의 역학 관계와 이러한 역학 관계가
    어떻게 겹치면서도 뚜렷하게 구별되는지 파악하고 명확하게 표현할 수
    있어야 한다.
  - 학교문화는 이해관계자들의 공유된 가치, 관계, 경험에 의해 정의되는
    빙산의 일각에 불과하다. [제1장의 그림 1–1 참조]
  - 학교 풍토는 공유된 비전이 문화의 역동성을 통해 어떻게 끓어오르는
    지(bubbles up)를 보여 주는 외형적 표상(빙산의 일각)이다.
- 학교문화와 풍토의 힘 활용하기
  - 여러분이 근무하는 학교의 문화와 풍토에 대해 간략하게 설명해 보라.

---

1) 역자 주: NSCC(National School Climate Center)는 학교가 사회적, 정서적 학습을 학업교
육과 통합하여 진행할 수 있도록 지원하는 단체이며, 이를 통해 학생의 학업성취도 향상과
중도 탈락을 방지하며, 신체적 폭력과 괴롭힘을 줄이고자 설립된 단체로, 교사 교직원, 학
교 기반 정신 건강전문가, 학생 및 학부모 등 교육공동체와 협력하여 학습 환경을 개선하자
는 목적을 가짐.

- 학교문화와 풍토에 대한 설명을 바탕으로, 현재 이들이 서로 어떻게 영향을 주고받고 있는지 파악해 보라.
- 문화와 풍토에 대한 인식을 주제로 교원들과 대화를 만들어 보고, 그것이 여러분의 인식과 일치하는지 확인해 보라.

4. 학교문화에 영향을 미치는 내부 요인

문화는 학교 내에서 일어나는 지속적인 사건, 조건, 상호작용 패턴을 통해 만들어진다. 학교문화에 영향을 미치는 내부 요인은 상황에 따라 다르며 교사, 근무환경, 교사 사기, 참여도, 교사 유지 및 이탈, 리더의 이동성 등을 포함한다. 다른 많은 내부 요인이 있지만, 여기에 제시된 요인들은 광범위한 '학교생활(life in schools)'의 모습을 담고 있다.

1) 교사

교사가 학생의 학습에 가장 큰 영향을 미치며, 이러한 교사의 영향력은 교사의 근무환경과 문화에 크게 영향을 받는다. 수많은 연구 결과들이 이를 입증해 왔다. 또한 성취가 높은 긍정적인 학교문화에서 교사는 학생에게 온전히 집중할 수 있다(Adeogun & Olisaemeka, 2011).

학교문화는 시간의 축적에 의해 형성되지만, 특정 사건들이 학교문화와 풍토에 실질적이고 단기적인 영향을 줄 수 있다. 예를 들어, 코로나19로 인한 상황은 교수학습 활동을 말 그대로 뒤집어 놓았다.

교사는 학생, 가족, 동료와 함께 일하는 패턴이 계속 바뀌는 등 끊임없이 불안정한 상황에 놓여 있었다. 학교가 끊임없이 변화하는 환경을 경험하면서, 교사 목소리(voice)와 주도성(agency)은 더욱 중요해졌다(제1장 참조). 교사 업무의 핵심은 학생의 학습이다. 따라서 급격한 변화의 시기에 교사가 효과적으로 일할 수 있는 근무환경을 조성하고 지원하는 것이 학교 리더에게 무엇보다 중요하다.

2) 근무환경

교사들은 대부분 가르치는 일이 소명이자 나눔을 실천하는 직업이라고 생각하며, 자신의 개인적 경험에서 가르치는 일에 대한 내재적 동기를 얻는다. 그러나 근무환경이 악화되면, 아이들의 삶을 변화시키려는 내재적 동기는 지속되기 어렵다. 캄스트라(Kamstra, 2020)에 따르면 교사의 동기는 업무량, 급여, 부족한 지원, 사회적 인식 부족, 커리큘럼 제한 등을 포함한 외부적 요인의 영향을 받는다.

OECD(2021)는 "교수학습의 질은 교사의 자질뿐만 아니라 교사가 근무하는 환경에 의해서도 결정된다."며 "근무환경은 교사를 유치하고 유능한 교사 확보에도 중요한 역할을 한다"라고 보고하였다(para. 1). 근무환경은 학교 환경에 내재되어 있으며, 예를 들어 일정, 규칙, 규정 및 정책을 포함한다. 근무환경에는 업무량(학교에서의 업무와 이를 준비하는 데 필요한 학교 밖에서의 업무), 지원의 유형과 빈도 및 기간, 학급 규모, 다른 교사 및 관리자와의 의사소통 및 협력 패턴 등이 모두 포함된다.

래드(Ladd, 2011)는 학교 리더십이 "매우 중요한(salient)" 근무 조건의 요인이자 교사 만족도 및 이직률과도 연관성이 있다는 것을 확인했다. 또한 딘(Dean, 2021)은 리더십이 "결정적(crucial)"이며, 리더가 다음과 같이 할 때 학생의 성취에도 영향을 미친다고 보고하였다.

1. 학생 데이터를 탐색하고, 수업과 교육과정을 계획 및 검토하고, 평가를 계획 및 조정하기 위해 효과적인 교사 협업의 기회를 창출한다.
2. 학교 전체의 계획, 의사결정, 개선에 교사를 참여시킨다.
3. 상호 신뢰, 존중, 열정을 바탕으로 개방적이고 정직하게 소통하는 문화를 조성한다.
4. 공동의 목표, 명확한 사전 목표, 전문적 행동과 학생의 학습에 대한 높은 기대치를 통해 공동의 사명감을 구축한다.
5. 교실 안전과 행동에 관심을 기울여, 안전한 교실 환경을 유지하기 위한 교사들의 노력이 학교 리더에 의해 전폭적으로 지지받는다고 느끼게 하라.

(para. 6)

크래프트와 파페이(Kraft & Papay, 2014)는 긍정적인 학교문화에서 근무하는 교사가 학생들의 성취를 향상시킬 수 있다고 보았다. 긍정적인 근무환경을 조성하고 유지하는 데 있어 핵심은 교사의 사기이다.

3) 교사 사기

미국 학교의 교사 사기(Teacher morale)는 꾸준히 하락하고 있는 것이 현실이다(Senechal et al., 2016). 지난 수십 년 동안 교육 책무성 운동(Accountability movements)[2]은 유감스럽게도 교사 효능감을 악화시켰고, 교수학습과 교육과정에 대한 결정이 교실에서 정책 영역으로 옮겨 가면서 교사들의 사기를 크게 저하시켰다(Erichsen & Reynolds, 2020). 이러한 책무성 운동은 교사들에게 과도한 스트레스를 야기하였는데, 이는 이와 관련된 관행들이 아이들에게 무엇이 가장 좋은 것인지에 대한 그들의 신념과 반대되는 경우가 많았기 때문이다(Wronowski & Urick, 2019). 코로나19 팬데믹은 지속적인 변화와 불확실한 미래로 인한 스트레스로 교사들을 다시 나락으로 내몰았다(Will, 2021; Zepeda & Lanoue, 2021).

낮은 사기가 학교 전체에 스며들면 교사뿐만 아니라 학생 성과와 지역사회 지원에도 타격을 준다. 사기가 낮은 학교의 교사는 다음과 같은 특징을 갖는다.

- 다른 사람에 대한 무관심
- 협업이 일반적이지 않음
- 학생, 학부모 및 기타 교직원에 대한 냉소주의
- 학생에 대한 낮은 기대치
- 높은 교사 이직률, 높은 수준의 스트레스

---

2) 역자 주: 교육 책무성 운동(Accountability movements)은 교육의 책무성 강화 운동으로, 예를 들면 「아동낙오방지법(No Child Left Behind Act: NCLB)」, 「모든학생성공법(Every Student Succeeds Act: ESSA)」이 있음. 「NCLB」는 2001년 미국 「초·중등교육법」을 재인가하여 2002년에 발효된 법안임. 이후 재인가 과정 없이 시행되다가 2015년 「ESSA」 제정으로 이어짐. 「NCLB」는 모든 학생의 학업성취도 향상, 교육의 형평성 제고 등의 포괄적인 국가 개발 계획으로서 국가가 책무성을 가지도록 하였음. 그러나 연방 정부 지출을 증가했으나 학업성취도는 저하되는 문제점을 야기시켰으며, 주 정부에 대한 연방 정부의 지나친 개입과 간섭이 문제가 됨. 주 정부에 더 많은 재량을 허용하되 모든 학생의 학업성취도에 대한 책무성은 지니도록 연간 학업성취도 평가를 시행을 규정하는 「ESSA」가 제정됨.

• 그리고 학생 결석률과 상관관계가 있는 높은 결근율

(Boyd et al., 2011; Kronholz, 2013; Markow & Pieters, 2012;

Skaalvik & Skaalvik, 2011)

긍정적인 학교문화를 발전시키려면 리더가 교사를 소중히 여기고, 학교 운영의 모든 의사 결정 과정에 교사를 참여시켜야 한다. 긍정적인 학교문화는 교사의 참여로 더욱 발전할 수 있다.

4) 교사 참여

교사 참여(engagement)는 긍정적이고 전문적인 학교문화를 구축하고 유지하는 데 필수적이며, "교육자가 자신의 성장과 발전에 전념할 수 있도록 돕고, ……(중략)…… 더 효과적이고 참여도가 높은 교사들의 공동체(in-school community)로 이끄는 데 필요하다"(Hanover Research, 2018, para. 11). 교사들은 학교에 참여하면서 학교의 구성원으로 가치를 인정받는다고 느낀다. 따라서 리더는 교사를 둘러싼 환경의 변화에 맞추어 교사의 업무를 지원하는 방식으로 대응해야 한다. 교사 참여는 리더가 업무 환경을 조성하는 데 무척 중요하다.

그러나 교사가 참여하지 않으면, 교직에 대한 불만족이 커지고, 학생들도 어려워질 수 있다(Gallup, 2014). 2013년 갤럽(Gallup) 여론조사 데이터에 따르면, 7,200명의 표본 규모에서 초중고 교사의 70%에 가까운 교사들이 업무에 몰입하지 못한다고 응답한 것은 무척 놀랍다.

• 절반 이상(56%)이 "몰입하지 못한다(not engaged)"고 답했는데, 이는 직무에 만족하지만 직장과 정서적으로 연결되어 있지 않고

업무에 많은 재량적 노력을 기울이지 않는다는 것을 의미한다.
• 8명 중 1명(13%)은 "전혀 몰입하지 못한다(actively disengaged)."
는, 즉 직장에 불만족하고 동료와 업무에 부정적인 영향을 미칠
가능성이 높다는 의미이다.

(p. 26)

교사의 참여도 저하와 낮은 사기는 교사의 권리 박탈로 이어지며,
교사의 교직에 대한 의지를 약화시킨다.

5) 교사 수 유지와 감소

이직률이 높고 교사 부족이 우려되는 학교에서는 문화를 조성하
는 일이 어렵다. 실제로 생산성이 낮은 문화는 높은 교사 이탈률로
나타난다. 전국적으로 교사에 대한 수요가 공급을 앞지르고 있으며
그 격차는 더욱 커질 것으로 예상된다(Sutcher et al., 2016). 전 세계
적인 코로나19 팬데믹은 교사 수 감소에도 심각한 영향을 미칠 것
으로 예상된다(Burnette & Will, 2020). 잉거솔(Ingersoll, 2003)이 "회
전문(revolving door)"이라고 불렀던 것은 문화의 핵심에 영향을 미
친다. 불안정성은 "학생, 교사, 공교육 시스템 전체에 해를 끼친다.
충분한 자격을 갖춘 교사의 부족과 교직원의 불안정성은 학생들의
학습 능력을 위협하고 교사 효능감을 저하시킨다"(Garcia & Weiss,
2019, p. 1).

단순히 교사 공급을 개선하는 것만으로는 문제가 해결되지 않
을 것이다. 대신 학교 리더는 이제 교사 유지에 영향을 미치는 학
교의 조직문화와 분위기를 살펴봐야 한다. 교사 부족 문제는 두 가

지 측면이 있는데, 하나는 공급 부족 문제이고 다른 하나는 이직이다. 이직 데이터에 보고되는 교사에는 이직자와 퇴사자의 두 가지 유형이 있다. 퇴직자는 교직을 그만두기로 선택한 교사로, 신규 교사의 44%가 첫 5년 이내에 교직을 떠나면서 그 수가 증가하고 있다(Ingersoll et al., 2021). 이직자는 학교를 옮기거나 교사가 아닌 다른 역할(non-teaching roles)을 선택하는 경우를 말한다. 언뜻 보기에 이런 퇴직자는 통계적으로 교원 수에 영향을 미치지 않는 것처럼 보인다. 그러나 교사가 교직을 완전히 떠나든 다른 학교로 이동하든, 개별 학교 수준에서는 공백이 생기는 것이다.

어떤 학교는 다른 학교보다 이직률이 더 높은 경향이 있다. 빈곤층이 많은 학교와 도시 학교는 매년 높은 이직률로 인해 학교문화에 혼란을 겪는다(Djonko-Moore, 2016; Ingersoll et al., 2021; Papay et al., 2017). 또한, 교과목별로 교사 부족의 영향을 다르게 받는데, 과학, 수학, 특수교육의 분야에 인력 부족 문제가 나타날 가능성이 더 크다(Ingersoll & Perda, 2010; Sutcher et al., 2016).

6) 리더의 이직

교사 이탈의 회전문처럼 학교 리더십의 변화는 학교에 심대한 영향을 미친다. 리더 선정과 유지는 능력 있는 교사의 확보만큼이나 중요하다. 그렇다면 왜 중요한가? 유능한 리더십은 교사가 학생을 위해 최선을 다할 수 있는 환경을 조성하는 데 무척 중요하기 때문이다.

학교 리더들은 교사 다음으로 학생 성취에 영향을 주는 두 번째로 중요한 학교 수준에서의 요인이다(Day et al., 2016; Leithwood et al., 2019). 그러나 교사들과 마찬가지로 학교 리더들도 놀라운 속도로 교직을 떠나거나 학교를 옮기고 있으며, 이는 교사들과 학생들에게 실질적인 영향을 미치고 있다. 연구에 따르면, 교장의 이직은 교사의 이직률 증가로 이어질 수 있으며, 이는 학생의 성취도 저하와 관련이 있는 것으로 나타났다. 이런 추세는 앞으로 능력 있는 리더의 역할을 강조하고, 리더 양성 및 지원을 강화할 필요성을 더욱 강조한다(Levin et al., 2020; Parylo & Zepeda, 2015).

● 문화 이끌기: 학교문화 이해를 위한 성찰 ●

• 학교문화에 영향을 미치는 내부 요인 이해하기
 - 근무환경, 사기, 참여도, 유지율, 이직률 등을 중심으로 학교문화에 대한 교사의 인식은 학생의 성취도에 큰 영향을 미친다.
 - 교직원의 참여를 유도하는 교장의 역할은 학교문화에 영향을 미치며 교사 유지에 필수적이다.
 - 교사와 교장의 행동, 신념, 목소리, 권한에 의해 정의되는 내부 역학 관계는 학교문화를 형성하고 학생 성취에 영향을 미친다.

• 내부 요인을 활용하여 학교문화 개선하기
 - 여러분 학교의 교사 근무환경, 사기, 참여도, 유지율, 이직률을 평가하라. 어떤 패턴으로 나타나는가?
 - 학교의 이러한 패턴이 학교문화와 풍토에 어떤 영향을 주는가(긍정적이든 부정적이든)?
 - 이러한 패턴을 바탕으로 문화 개선을 위해 해결해야 할 주요 영역에는 어떤 것이 있는가?

5. 학교문화에 영향을 미치는 외부 요인

학교문화는 학교 안팎의 사건, 문제(issues), 혼란의 영향을 받아 지속적으로 변화한다. 코로나19 팬데믹, 도시 인프라의 마비, 법률적 의무와 같은 혼란은 학교에 영향을 미칠 수 있는 예이다. 교사 공석을 채우기 위해 채용을 반복해야 하는 일반적인 일들도 학교문화에 영향을 미친다. 문화에 영향을 미칠 수 있는 요인은 무궁무진하지만 여기서는 빈곤, 인구 통계의 변화, 학생 이동 및 감소, 분열적인 정치 환경 등을 살펴보고자 한다.

1) 경제적 빈곤

경제적 빈곤이 학생 성취도에 미치는 영향은 수십 년 동안 정책 개혁의 중심에 있었다. 공교육에서 나타난 많은 증거가 빈곤층 학생들에게 결손이 있으며, 빈곤층 학생에 대한 기대치가 고소득 가정 학생들에 대한 기대치보다 훨씬 낮다는 점을 지적한다. 또한 빈곤층 학생들은 종종 건강관리 부족, 불충분한 영양 섭취, 조기 학습 프로그램에 대한 제한된 접근성을 경험한다. 빈곤층 학생의 교육을 지원하기 위한 기대와 조건은 학교의 문화와 프로그램 결정에서 출발한다. 개별 사례마다 다를 수 있지만, 빈곤층 아동들은 공통으로 다음과 같은 상황에 있다.

• 경제적으로 빈곤한 지역의 공립학교에 다니는 경우(McCrary & Ross, 2016)

- 낡은 건물에서 과밀을 경험함(Azzi-Lessing, 2017)
- 평균 이하의 특수교육 서비스를 받음(McKinney, 2014)
- 노숙자가 될 위험이 더 높음(Uretsky & Stone, 2016)
- 중퇴율이 더 높음(Bauman & Cranney, 2020)

코로나19로 인한 혼란으로 아동 빈곤과 학교 내 빈곤의 피해는 더욱 악화되었다.

2002년에 제정된 「아동낙오방지법(No Child Left Behind Act: NCLB)」을 비롯한 최근의 교육개혁 운동에는 많은 결점이 있음에도 불구하고, 핵심적으로 빈곤층을 포함한 특정 학생 하위 그룹에 대해 낮은 기대를 가진 전국 학교들의 문화와 풍토를 인식하고 있다. 역사적으로 학교문화에는 빈곤층 학생에 대한 부정적 인식이 자리 잡고 있으며, 이러한 인식 중 상당수는 여전히 남아 있다. 교육을 방해하는 빈곤층에 대한 몇 가지 통념은 다음과 같다.

- 동기가 없고 직업윤리가 약하다.
- 부모는 교육을 중요하게 생각하지 않기 때문에 자녀의 학습에 관여하지 않는다.
- 언어적으로 결핍되어 있다.
- 약물과 알코올을 남용하는 경향이 있다.

(Gorski, 2008, n.p.)

학교의 경우, 특히 학교문화가 부정적일 때, 빈곤 수준의 증가는 가장 심각한 도전 중 하나가 될 수 있다. 부정적인 학교문화에서는 공정한 경쟁을 위해 필요로 하는 지원이 현실화되지 않기 때문이다.

주목할 점은 교사들은 자신들의 문화에 학생들에 대한 서로 다른 기대치가 반영되어 있다는 것을 인식하지 못할 때, 학생들은 인식한다는 것이다. 빈곤의 문제를 더욱 어렵게 만드는 것은 인구 통계의 지속적인 변화이다.

2) 변화하는 인구 통계

미국에는 다양한 인종 유입이 계속되고 있으며, 2020년에는 백인 학생이 더 이상 미국 학생의 다수가 아니게 되었다. 학생 구성도 달라졌다. 1995년에는 전체 학생의 절반 미만이 다문화 학군(diverse school district)에 등록했지만, 2017년에는 75%로 증가했다. 또한 한때 남부, 동부, 서부 일부에 집중되었던 다문화 학군이 이제 전국적으로 분포하고 있다(Meckler & Rabinowitz, 2019).

전국적인 인구통계학적 변화는 대부분의 학교에서 발견되는 문

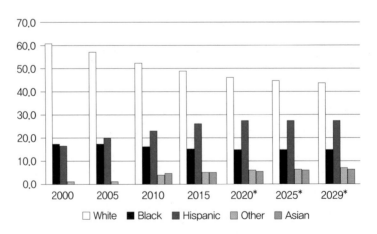

[그림 2-1] 인종별 학생 등록률—공립 초등학교 및 중 · 고등학교

참고: *예상치

출처: U.S. Department of Education, National Center for Education Statistics(2020).

화 역학에 큰 변화를 일으켰다. 예를 들어, 지난 15년 동안 학교 내에서 인종과 민족의 변화는 학교의 변화를 반영한다. [그림 2-1]은 인종별 학생 등록 현황의 변화 추이를 보여 준다.

새롭게 등장하는 다양한 인구들이 서로 다른 가족 및 문화적 신념을 가져와 학교문화에 대한 새로운 이해가 시급하게 요구된다.

학교 인구의 변화는 종종 과거와 현재의 문화 간 단절을 초래하며, 이는 앞으로의 문화 형성에 영향을 미친다. 종종 과거의 문화를 고수하는 사람들과 학생 인구 통계와 같은 변화하는 역학을 내다보고 대응하는 리더 사이에 긴장이 조성되기도 한다.

문화에 영향을 미치는 또 다른 변화는 한 체제 내에서 사용되는 여러 언어의 영향, 영어 학습자(English Language Learner: ELL)[3] 프로그램의 등장이다. ELL 학생들과 함께 우수한 성과를 내 본 학교는 학생들에 대한 일련의 새로운 신념과 기대치를 바탕으로 문화를 재형성하였다.

문화적 배경이 백인이면서 영어 사용 인구가 주를 이루는 학교는 인구통계학적 변화에 덜 호의적이며 변화에 대한 분노와 저항을 만들어 내기도 한다. 장기적으로 학교가 변화하는 인구 통계에 대한 이해를 바탕으로 문화를 재창조하지 않으면, 학생들은 어려움을 겪을 것이며 어떠한 단기적인 시도도 장기적이고 지속적인 효과를 발휘하지 못할 것이다.

---

3) 역자 주: ELL(English Language Learner)은 영어가 모국어가 아닌 아이들이 학교에서 받는 영어 학습자 프로그램을 말하며, 성인들이 대학이나 다른 교육기관에서 받는 영어 학습 프로그램은 ESL(English as a Second Language)임.

3) 학생 이동과 감소

일부 학교에서는 코로나19 팬데믹 이전부터 이미 연간 학생 이탈률이 70%가 넘었기 때문에 학생 등록의 변화는 계속해서 문제가 되고 있다. 일반적으로 높은 학생 이동성은 저소득층, 이민자 및 소수민족 자녀와 관련이 있으며, 이들 가정은 임대료가 불안정하여 주거지가 자주 변경되면 다니던 학교도 자주 바뀐다(Rennie Center for Educational Research & Policy, 2011). 허버스 등(Herbers et al., 2013)에 따르면, 정책 입안자와 학교는 특히 고위험군 학생과 빈곤의 영향을 받는 학생들의 성취를 향상시키기 위해 학교 이동성에 초점을 맞출 필요가 있다. 초등학교 수준에서도 어려운 일이지만, 6~12학년 때 학교를 옮기는 학생들은 사회적 전환 과정에서 더 큰 어려움을 겪기 때문에 더 집중적인 관심을 요한다. 오늘날, 빈곤의 영향과 연방, 주 및 지역의 정책들이 결합하면서, 분열적인 책무성 문화(divisive accountability cultures)의 원인이 되기도 하였다.

4) 분열된 정치적 환경

사회문제에 대한 다양한 견해와 함께 지역사회의 불안은 계속해서 교육에 영향을 미친다. 오늘날 인종 차별 반대 운동(Black Lives Matter), 다양한 정당의 입장, 교육에 대한 연방 및 주 정부의 명령은 학교의 업무 및 교사와 리더의 문화를 변화시켰다(Zepeda & Lanoue, 2021). 예를 들어, 2002년에 제정된 NCLB는 많은 사람이 시험 문화(a test culture)로 생각하는 것을 만들어 냈고, 2015년에 제정된 「모든학생성공법(Every Student Succeeds Act: ESSA)」은 사회정서학습(social-emotional learning)과 학교문화와 풍토를 측정하고자 하는 주 정부의 유연성을 확대하는 새로운 정책 영역을 만들어 냈다. ESSA에 따라 각 주에서는 학교문화를 포함한 학생 성공 지표를 설정할 수 있는 자율성을 부여하기 시작하였다. 그러나 학교에 대한 이러한 국가적 개입은 학교 및 연구 커뮤니티에 긴장을 조성하고 심지어 분열을 일으켰다(Kostyo et al., 2018; The 74, n.d.).

핵심 질문은 '학생들이 성장하고 발전하는 문화를 조성하기 위해, 학교에 가장 큰 영향을 미치는 사람이 누구인가?' 하는 것이다. 토마스(Thomas, 2012)는 공교육을 교육 전문가들의 손에 다시 맡겨야 한다고 제안한다. 공교육에 더 이상 권력 중개인(brokers)이나 기업이 교육 문제에 개입하지 못하도록 교회와 국가를 분리하는 것과 유사한 새로운 정치적 벽이 필요하다. 가르치는 일의 세부 사항과 전문성을 이해하는 교사와 이 일을 가장 잘 수행할 준비가 되어 있는 교육지도자들이 정책을 주도하도록 해야 한다.

● 문화 이끌기: 학교문화 이해를 위한 성찰 ●

• 학교문화에 영향을 미치는 외부 요인에 대한 이해
  – 빈곤은 학교문화에 영향을 미친다. 따라서 교사와 지도자는 이러한 역학이 빈곤 아동을 위한 학교 차원의 개입에 어떤 영향을 미치는지 성찰해야 한다.
  – 학교와 학군 간의 이동과 이탈 그리고 인구통계학적 변화는 학교문화에 영향을 미친다.
  – 학교 교사와 리더에게는 분열적인 외부 역학으로부터 학생(children), 학습, 학교문화를 보호할 기회와 의무가 있다.

• 외부 요인을 탐색하여 학교문화 개선하기
 - 학교문화에 가장 크게 영향을 미치는 외부 요인으로는 무엇이 있는가?
 - 이러한 외부 요인들이 학교의 결정, 프로그램, 우선순위에 어떻게 영향을 미치는가?
 - 리더로서, 학교 안에서 작동하는 외부 요인들에 어떻게 대응하고 있는가?

6. 나가며: 요약

학교문화(school culture)와 학교 풍토(school climate)는 서로 비슷한 점이 있으나, '학교생활(school life)'에 기여하는 방식은 분명히 다르다. 리더는 문화와 풍토 간의 관계를 파악하고 적극적으로 대처할 수 있어야 한다. 문화와 풍토는 서로 연결되어 있으며, 교사의 목소리와 주도성을 강화하는 신념, 경험, 결과의 체계에서 진화한다. 리더가 '문화와 풍토'를 하나의 단일 구성요소로 묶어 버리면, 빙산의 아래에 숨어 있는 통합적 요소의 역동적인 특성을 보지 못하게 된다. 이러한 통합적 요소를 검토하지 않으면, 교사와 근무환경 지원, 학생 성취를 위한 충분한 지원의 기회를 잃을 수 있다.

연구에 따르면, 교사는 학생의 학습에 가장 큰 영향을 미치며, 교사의 일하는 문화가 학생의 성과에 미치는 영향력은 무척 크다. 근무환경, 교사 사기, 교사 참여도, 교사 유지 및 이탈은 학교문화에 영향을 미치는 가장 중요한 내부 요인이다.

이러한 여러 관계에서 교장의 리더십은 학생 성취도와 관련된 두 번째로 중요한 학교 차원의 요인이다. 원하는 학교문화를 만들기 위해선 교사와 리더가 협력하여 학교의 빙산을 구성하는 내부 요인을 파악하여 이에 대응할 수 있어야 한다.

마지막으로, 리더와 교사들은 우리 학교가 독립된 공간(in a bubble)에 존재하는 것이 아니라는 점, 외부의 여러 요인이 학교문화에 영향을 미친다는 점을 인식해야 한다. 그들은 학교 안팎에서 일어나는 사건, 문제, 혼란을 인지하고 이에 대응해야 할 공동의 책임이 있다.

● 실천 이끌기: 학교문화 혁신을 위한 실천 ●

- 학교문화와 학교 풍토 분석하기
  - 학교문화와 학교 풍토의 공통점과 이 둘 간의 상호작용은 무엇인가?

- 학교문화와 학교 풍토 평가를 위한 절차 개발하기
  - 학교문화(표면 하단)와 풍토(빙산의 끝부분)에 영향을 주는 중요한 내부와 외부 변수를 파악해 보자.
  - 학교문화와 학교 풍토 활용을 위한 전략 실행해 보자.
  - 학교문화에 영향을 미치는 내부와 외부 변수에 대한 이해를 바탕으로 개선 전략을 공동으로 수립하는 절차를 개발해 보자.

읽기자료

Gruenert, S., & Whitaker, T.(2017). *School culure recharged: Strategies to energize your staff and culture.* Association for Supervision and Curriculum Development.

Muhammad, A.(2018). *Transforming school culture: How to overcome staff division* (2nd ed.). Solution Tree.

Murphy, J. F., & Torre, D.(2014). *Creating productive cultures in schools for students, teachers, and parents.* Corwin Press.

Peterson, K. D., & Deal, T. E.(2016). *Shpaing school culture* (3rd ed.). John Wiley & Sons.

참고문헌

The 74. (n.d.). *3 states cite school climate surveys in their ESSA plans. Why don't others use culture for accountability?* www.the74million. org/ article/3-states -cite-school-climate-surveys-in-their-essa-plans-why-dont-others-use-culture-for-accountability/

Adeogun, A. A., & Olisaemeka, B. U. (2011). Influence of school climate on students' achievement and teachers' productivity for sustainable development. *US-China Education Review, 8*(4), 552-557. https:// files. eric.ed.gov/fulltext/ED520461.pdf

Azzi-Lessing, L. (2017). *Behind from the start: How America's war on the poor is harming our most vulnerable children.* Oxford University Press.

Bauman, K., & Cranney, S. (2020). School enrollment in the United States: 2018. Population Characteristics. *United States Census Bureau.* www. census.gov/library/publications/2020/demo/P20-

584.html

Boyd, D., Grossman, P., Ing, M., Lankford, H., Loeb, S., & Wyckoff, J. (2011). The influence of school administrators on teacher retention decisions. *American Educational Research Journal, 48*(2), 303–333. https://doi.org/10.3102/0002831210380788

Burnette II, D., & Will, M. (2020). Thousands of educators laid off already due to COVID-19, and more expected. *Education Week.* www.edweek.org/ew/articles /2020/07/14/thousands-of-teachers-laid-off-already-due.htm

Cohen, J., McCabe, L., Michelli, N. M., & Pickeral, T. (2009). School climate: Research, policy, practice, and teacher education. *Teachers College Record, 111*(1), 180–213. www.tcrecord.org

Day, C., Gu, Q., & Sammons, P. (2016). The impact of leadership on student outcomes: How successful school leaders use transformational and instructional strategies to make a difference. *Educational Administration Quarterly, 52*(2), 221–258. https://doi.org/10.1177/0013161X15616863

Dean, M. (2021). Our working paper on school culture and working conditions. *Teacher Development Trust.* https: //tdtrust.org/2021/02/24/ our-working-paper-on-scho ol-culture-and-working-conditions/

Djonko-Moore, C. M. (2016). An exploration of teacher attrition and mobility in high poverty racially segregated schools. *Race Ethnicity and Education, 19*(5), 1063–1087. https://doi.org/10.1080/13613324.2015.1013458

Erichsen, K., & Reynolds, J. (2020). Public school accountability, workplace culture, and teacher morale. *Social Science Research, 85.* https://doi.org/10.1016/j.ssresearch.2019.102347

Every Student Succeeds Act, Public Law 114-95. (2015). www.congress.

gov/114/plaws/publ95/PLAW-114pub l95.pdf

Fullan, M. (2015). *The new meaning of educational change* (5th ed.). Teachers College Press.

Gallup. (2014). *State of America's schools: The path to winning again in education*. GALLUP.

Garcia, E., & Weiss, E. (2019). The teacher shortage is large and growing, and worse than we thought: The first report in 'The Perfect Storm in the Teacher Labor Market' series. *Economic Policy Institute*. https://files. eric.ed.gov/fulltext/ED598211.pdf

Gorski, P. (2008). The myth of the culture of poverty. *Educational Leadership, 65*(7), 32. www.ascd.org/public ations/educational-leadership.aspx

Gruenert, S. (2008). School culture, school climate: They are not the same thing. *Principal,* 56-59. www.naesp.org/sites/default/files/resources/2/ Principal/2008/M-Ap56.pdf

Hanover Research. (2018, October 3). *Five teacher engagement strategies to foster a collaborative culture*. www.hanoverresearch.com/insights-blog/five-teacher-engagement-strategies-collaborative-culture/

Herbers, J. E., Reynolds, A. J., & Chen, C. C. (2013). School mobility and developmental outcomes in young adulthood. *Development and Psychopathology, 25*(2), 501-515. https://doi.org/10.1017/S0954579412001204

Ingersoll, R. M. (2003). The teacher shortage: Myth or reality? *Educational Horizons, 81*(3), 146. www.jstor.org /stable/42926477

Ingersoll, R. M., Merrill, E., Stuckey, D., Collins, G., & Harrison, B. (2021). The demographic transformation of the teaching force in the United States. *Education Sciences, 11*(5), 1-30. https://doi.org/10.3390/educsci11050234

Ingersoll, R. M., & Perda, D. (2010). Is the supply of mathematics and science teachers sufficient? *American Educational Research Journal, 47*(3), 563-594. www.jstor.org/stable/4092 8347

Kamstra, L. S. G. (2020, November 13). Teacher motivation is vital-COVID-19 may be hurting it. *The Conversation.* https://theconversation.com/teacher-motivation-is-vital -and-covid-19-may-be-hurting-it-149345

Kane, L., Hoff, N., Cathcart, A., Heifner, A., Palmon, S., & Peterson, R. L. (2016, February). School climate & culture. *Strategy Brief.* Student Engagement Project, University of Nebraska-Lincoln and the Nebraska Department of Education. www.k12engagement.unl.edu /school-cli-mate-and-culture.

Kohl, D., Recchia, S., & Steffgen, G. (2013). Measuring school climate: An overview of measurement scales. *Educational Research, 55*(4), 411-426. https://doi.org /10.1080/00131881.2013.844944

Kostyo, S., Cardichon, J., & Darling-Hammond, L. (2018). *Making ESSA's equity promise to close the opportunity gap.* Learning Policy Institute. https://learningpolicyin stitute.org/product/essa-equity-promise-report

Kraft, M. A., & Papay, J. P. (2014). Can professional environments in schools promote teacher development? Explaining heterogeneity in returns to teaching experience. *Educational Evaluation and Policy Analysis, 36*(4), 476-500. https://doi.org/10.3102%2F01623737135 19496

Kronholz, J. (2013). No substitute for a teacher: Adults' absences shortchange students. *Education Next, 13*(2), 16-21. www.educationnext.org

Ladd, H. F. (2011). Teachers' perceptions of their working conditions: How predictive of planned and actual teacher movement?

Educational Evaluation and Policy Analysis, 33(2), 235-261. https://doi.org/10.3102%2F0 162373711398128

Leithwood, K., Sun, J., & Schumacker, R. (2019). How school leadership influences student learning: A test of "The four paths model". *Educational Administration Quarterly, 56*(4), 570-599. https://doi.org/10.1177/0013 161X19878772

Levin, S., Scott, C., Yang, M., Leung, M., & Bradley, K. (2020). Supporting a strong, stable principal workforce: What matters and what can be done. *Learning Policy Institute.* https://learningpolicy institute.org/sites/default /files/product-files/NASSP_LPI_ Supporting_Strong_Stable_Principal_Workforce_BRIEF.pdf

Markow, D., & Pieters, A. (2012). The MetLife survey of the American teacher: Teachers, parents and the economy. *MetLife.* https://files.eric.ed.gov/fulltext/ED530021.pdf

McCrary, N. E., & Ross, E. W. (2016). *Working for social justice inside and outside the classroom: A community of students, teachers, researchers, and activists.* Peter Lang Publishing, Inc.

McKinney, S. (2014). The relationship of child poverty to school education. *Improving Schools, 17*(3), 203-216. https://doi.org/10.1177/1365480214553742

Meckler, L., & Rabinowitz, K. (2019). Six findings in the post analysis of diversity in school districts. *The Washington Post.* www.washington post.com/education/2019/09/12/six-findings-posts-analysis- diversity-school-districts/

Muhammad, A. (2009). *Transforming school culture: How to overcome staff division* (2nd ed.). Solution Tree Press.

National School Climate Center. (2018). *What is school climate and why is it important?* www.schoolclimate.org /school-climate

No Child Left Behind Act of 2002, Public Law PL 107-110. (2001).

www2.ed.gov/policy/elsec/leg/esea02/107-110.pdf

OECD. (2021). *Review education policies: Teacher working conditions.* https://gpseducation.oecd.org/revieweducati onpolicies/#!node=4 1734&filter=all

Papay, J. P., Bacher-Hicks, A., Page, L. C., & Marinell, W. H. (2017). The challenge of teacher retention in urban schools: Evidence of variation from a cross-site analysis. *Educational Researcher, 46*(8), 434-448. https://doi.org/10.3102/0013189X17735812

Parylo, O., & Zepeda, S. J. (2015). Connecting principal succession and professional learning: A cross-case analysis. *Journal of School Leadership, 25*(5), 940-968. https://doi.org/10.1177/10526846 1502500506

Peterson, K. D., & Deal, T. E. (1998). How leaders influence the culture of schools. *Educational leadership, 56*, 28-31. www.ascd.org/ publications/educational-leadership.aspx

Rennie Center for Educational Research & Policy. (2011). *A revolving door: Challenges and solutions to educating mobile students: Executive summary.* www.issuelab.org/resources/ 5981/5981.pdf

Senechal, J., Sober, T., Hope, S., Johnson, T., Burkhalter, F., Castelow, T., Gilfillan, D., Jackson, K., Nabors, A., Neuman, P., Robinson, R., Sargeant, R., Stanford, S., & Varljen, D. (2016). Understanding teacher morale. *Metropolitan Educational Research Consortium.* https://scholarscompass.vcu.edu/merc_pubs/56/

Skaalvik, E. M., & Skaalvik, S. (2011). Teacher job satisfaction and motivation to leave the teaching profession: Relations with school context, feeling of belonging, and emotional exhaustion. *Teaching and Teacher Education, 27*(6), 1029-1038. https://doi.org/10.1016/ j.tate.2011.04.001

Sutcher, L., Darling-Hammond, L., & Carver-Thomas, D. (2016). *A* coming crisis in teaching? Teacher supply, demand, and shortages in the U.S. Learning Policy Institute. https://files.eric.ed.gov/fulltext/ED606666.pdf

Thomas, P. L. (2012, April 26). Politics and education don't mix. The Atlantic. www.theatlantic.com/national/archive /2012/04/politics-and-education-dont-mix/256303/

Uretsky, M. C., & Stone, S. (2016). Factors associated with high school exam outcomes among homeless high school students. Children and Schools, 38(2), 91-98. https://doi.org/10.1093/cs/cdw007

U.S. Department of Education, National Center for Education. (2020). Digest of education statistics. https://nces.ed.gov/programs/digest/d20/tables/ dt20_203.60.asp

Will, M. (2021, January 6). As teacher morale hits a new low, schools look for ways to give breaks, restoration. EdWeek. www.edweek.org/ leadership/as-teacher-morale -hits-a-new-low-schools-look-for-ways-to-give-breaks- restoration/2021/01

Wronowski, M. L., & Urick, A. (2019). Examining the relationship of teacher perception of accountability and assessment policies on teacher turn-over during NCLB. Education Policy Analysis Archives, 27(86). https:// doi.org/10.14507/epaa.27.3858

Zepeda, S. J., & Lanoue, P. D. (2021). K-12 school leaders navigate unknown futures: New narratives amid COVID-19. Routledge.

제 **3** 장

기능적이고 역기능적인
학교문화의 이해

1. 학교문화 살펴보기

내년도 학구(學區)의 학교혁신 목표 중 하나는 단위 학교가 학교
문화 개선에 초점을 두고, 학교 실태를 진단하고 발전계획을 수립하
게 하는 것이다. 한 초등학교의 신임 교장이 교사를 지원하는 문화
를 조성하여 성공적으로 학교를 개선한 사례가 있다.

부임해 온 교장은 학교의 역사, 전통 그리고 교직원 구성에 따른
고유한 특성과 학교 운영 수준을 파악하기 위하여, 학교의 문화를
평가하는 데 초점을 맞추었다. 교장은 두 달 후에 학교가 적절한 역
할을 하고 있다는 공감대와 함께 우수한 교육 사례들을 발견했다.
그러나 많은 교사가 전반적으로 업무에 몰입하지 못하고, 고립되어
있으며, 학교의 목적과 방향이 명확하지 않다고 생각하는 점 또한
확인하였다.

교장은 자신이 관찰하고 확인한 내용을 교사들과 함께 논의했으
며, 학교문화가 중요하다는 자신의 관점을 공유했다. 그다음, 교장
은 몇 가지 활동을 통해, 학교에 있어야 할 긍정적인 문화에 대한 그
림을 교사들과 함께 그리기 시작했다. 구체적으로, 교사들에게 긍정
적인 문화의 특성을 생각하여 적어 보도록 한 후, 중요한 순서대로
나열해 보도록 하였다. 교사들은 긍정적인 학교문화의 특성을 확인
한 후, 현재 우리 학교가 가진 긍정적인 문화와 이를 지지하고 있는
관행이 무엇인지 살펴보았다. 반대로 역기능적인(dysfunctional) 문
화의 특성에 대해서도 동일한 과정으로 활동을 한 후, 현재 우리 학
교가 가진 부정적인 문화와 변화가 필요한 학교의 관행이 무엇인지
확인하였다.

이러한 특성과 실천들은 학교혁신팀에 전해졌고, 이 팀은 이 자료를 바탕으로 학교 개선/혁신 의제의 초안을 만들었다. 그다음, 교사들이 다 함께 참여할 수 있도록 학교 전체의 의견을 수렴하여 계획을 검토하였다.

2. 들어가며

학교문화의 특성을 이해하는 것은 모든 학생이 참여하는 교육적 역량을 갖춘 학교를 만드는 데 필수적이다. 긍정적인 학교문화는 교사의 업무를 지원하기 위한 토대이다. 리더의 중요한 책임은 학교문화의 긍정적이고 부정적인 특성의 이해이다. 문화는 내부와 외부의 이해관계자들에 의해 형성되지만, "교장은 이러한 이해관계자들의 일상 업무에 핵심 가치를 전달한다"(Peterson & Deal, 1998, p. 301). 이 일이 리더로서 교장을 학교문화의 복잡성에 대한 더 나은 이해의 맥락 안에 위치시킨다. 결국, 교장은 "학교문화의 롤모델"이다 (Turan & Bektas, 2013, p. 162). 이 장에서는 문화 비전의 선도, 기능적 문화와 역기능적 문화의 특징, 학교문화 혁신의 접근 방식에 대해 살펴보고자 한다.

3. 문화 비전의 리더십

학교 리더들이 학교 개선이나 혁신을 위한 우선적인 과제로 항상 문화를 꼽는 것은 아니다. 이는 주 혹은 연방 정부의 성과지표를 달성하기 위한 구체적인 전략들과 비교하면 문화는 눈에 보이지 않기 때문이다(Lanoue, 2019). 문화 비전을 가진 리더는 문화가 어떻게 교사들의 필요와 그들에게 준비된 자원을 지원함으로써 변화와 성장을 만들어 내는지를 이해한다. 리더 학교를 더 깊이 이해하기 위해서는 학교에 현존하는 문화에 대한 그림이 필요하다. 모든 학교에는 출발점이 되는 문화가 있기에 그림을 그리는 캔버스는 비어 있을 수 없다.

리더가 학교문화를 혁신하고자 할 때 학교문화에 대한 비전을 세우지 않으면 단기적인 변화는 가능할지도 모른다. 그러나 그런 단기적인 변화들은 리더가 다른 곳으로 가면 사라질 가능성이 높다. 문화 비전과 문화적 렌즈를 통해 리더십을 발휘하면 장기적으로 학교를 혁신할 수 있는 새로운 통찰력과 행동을 이끌어 낼 수 있다. 문화와 전략 및 행동 중 무엇이 먼저인지에 대해 논쟁할 수 있지만, 결국 문화는 모든 학교의 지속적인 변화를 위한 기반이다.

1) 문화 이해하기

오늘날 교장의 가장 중추적인 역할은 문화의 역동성과 리더들과 조직 내 사람들이 문화에 어떤 영향을 주는지를 이해하는 것이다(McKinney et al., 2015). 쉐이퍼(Shafer, 2018)는 "교장이 문화를 구성하는 요소를 이해하면, 즉 문화를 흐릿한 무형의 덩어리가 아니라 정확히 파악하여 설계할 수 있는 것으로 본다면, 문화적 비전을 실현하기 위한 실천을 시작할 수 있다"(para. 4)고 주장한다. 성공적인 리더는 문화를 깊이 이해하기 위해 넓은 시야를 가져야 하며, 넓은 시야는 어려운 문제에 대한 해결책을 모색할 수 있게 해 준다.

예측이 어렵고 불확실성이 더해진 이 시기에, 문화는 눈에 보이거나 보이지 않을 수 있는 지속적인 신념과 가치의 기반을 제공하며, 이는 다음과 관련된다.

- 사람들이 반응하는 방식
- 의사결정의 질
- 학생, 학부모 그리고 서로
- 결집하고 혁신하기 위한 능력
- 중요한 것에 대한 신념

학교의 역사에는 학교와 학교의 정체성, 중요하다고 여겨지는 행동에 내재된 가치들과 규범 및 신념이 모두 담겨 있다. 전통, 의식 그리고 이야기들은 모두 학교의 역사 안에 있고, 학교와 교사들이 무엇을 향하는가에 대한 서사를 들려준다. 그 서사들이 더 이상 유효하지 않은 무언가에 기반을 두고 있을지라도 말이다.

학교에 새로 부임한 리더는 먼저 현재의 문화가 발전한 규범과 조건을 포함하여 문화와 그 역사를 이해해야 한다. 교장은 재임 기간에 관계없이 항상 학교문화의 흐름을 파악하고 있어야 한다. 이러한 이해가 없으면 리더의 의도에 의문이 생길 수 있다.

문화에 대한 이해는 시간이 걸리며, 학교의 내적 역학 관계(dynamics)에 대한 신중한 관점을 필요로 한다. 의견을 나누는 교실 상황에서 교사의 태도와 교사에 대한 학생들의 태도를 관찰하는 것은 학교문화의 근간이 되는 현재의 역학 관계를 이해하는 데 중요한 단계이다(Raudys, 2018).

리더는 지금의 결과를 바탕으로, 학교의 전통과 학교 내 구성원들의 행동을 이해할 수 있다. 문화가 학교의 맥락에 내재되어 있다는 점을 고려할 때, 학교 리더는 일상과 전통과 같은 학교문화에 대해 주의 깊게 살펴보고 그 의미와 그것이 만들어진 과정에 집중하는 것이 필요하다. 우리는 역사가 여러 면에서 절대적(scared cow[1])이라고 여긴다.

2) 문화 리더

문화 비전을 만들고 실행하는 것은 리더가 '어떻게' 이끄는가에 관한 것으로, 시스템 개선 전략과 같이 '무엇을' 이끄는가와는 다르다. 학교 리더는 기존 문화를 개념화할 때 자신의 리더십 스타일과 특성을 이해하는 것이 중요하다. 교장에게 중요한 것은, 다음과 같은 질문을 통해 자신의 리더십에 대해 성찰하는 것이다.

- 교사들은 나를 신뢰하는가?
- 나는 교사들이 결정을 내릴 때 지지하는가?
- 나는 일관성 있게 대응하는가?
- 나는 자주 소통하고 정보를 공유하는가?
- 나는 어떤 방식으로 소통하는가? 메모? 이메일? 직접 대면하는가?

---

1) 역자 주: 신성한 소(scared cow)는 지나치게 신성시되어 비판, 의심이 허용되지 않는 관습, 제도 등을 말함. 이 용어는 인도의 종교인 힌두교가 소를 숭배하는 것을 암시하는 용어로, 이 용어가 힌두교가 소를 숭배하는 모습을 묘사하기 위해 쓰인 첫 번째 기록은 1850년대 미국 신문에서 찾을 수 있으며, 참견과 간섭에 영향을 받지 않는 계획이나 절차를 의미하는 것으로 비유하여 쓰기 시작한 것은 미국에서 19세기 후반, 1890년 3월, 「The New York Herald」의 한 기사임.

• 협업을 촉진하는가?

이러한 질문에 대한 답을 통해 문화 리더가 되기 위해 필요한 리더십에 대한 강력한 통찰력을 얻을 수 있다.

또한 시간이 지남에 따라 학교문화를 변화시키고 주도하는 핵심 요소인 교사의 목소리와 주도성, 자율성, 임파워먼트(권한 부여) 및 참여를 지원하는 데 있어 리더의 역할을 이해하는 것도 중요하다(제 1장 참조). 문화 비전을 주도하는 것은 리더의 비전이 아니라 학교 구성원들의 비전이다. 크루즈와 루이스(Kruse & Louis, 2008)는 다음과 같이 말했다.

> 학교문화를 관리하는 것은 직책에 따른 권한에 의존하는 것이 아닌, 행동, 신념, 관계 및 종종 예측할 수 없는 학교에 존재하는 기타 복잡한 힘의 관계에 대한 영향력을 높여야만 영향을 받을 수 있다.
>
> (p. 1, 원문에서 강조)

문화 비전을 개발하는 것은 체제에 의한 실행 전략이 아닌, 체제 내에서의 행동에 관한 것이다. 문화를 선도한다는 것은 포스터, 슬로건, 규칙을 만드는 것 이상을 의미한다.

"문화는 일관되고 진정성 있는 행동을 통해 만들어진다"(Wong, 2020, para. 5). 문화는 책임을 다해 매일 행동하는 것으로, 단지 성취하고 싶은 것을 나열하는 것과는 다르다(Richtsmeier, 2018). 문화를 통해 학교혁신을 하려는 교장은 구성원들의 힘을 지지한다.

3) 문화적 관점을 통한 리더십

문화적 관점을 통해 조직을 바라보는 학교 리더는 특히 학교 비전과 연계될 때 문화가 교사의 업무에 미치는 영향을 이해한다. 제1장의 [그림 1-1]에 제시된 학교문화 프레임워크를 다시 참조하면, 우리가 보는 것은 눈에 보이는 빙산의 일각이지만, 리더의 노력은 수면 아래에서 발휘된다. 문화로 학교혁신을 하려는 리더십은 눈에 보이지 않는 이 부분에서 이루어진다.

리더는 문화 리더로서의 자신의 역할과 그 역할이 교사의 업무와 학생의 성취를 향상시키는 힘을 가지고 있다는 점을 예리하게 인식해야 한다. 오베른(O'Beirne, 2019, para. 10)는 학교 리더를 위해 다음과 같이 몇 가지 조언을 제시한다.

- 학교문화가 목표 달성에 도움이 될 수 있는지 이해하라.
- 학교문화의 가치와 문화를 형성하는 가치를 파악하라.
- 탑 다운 방식의 지시가 어떻게 받아들여지고 해석되는지 이해하라.
- 학교문화가 학교의 명성을 뒷받침한다는 확신을 가져라.
- 조직 내 하위문화에 영향을 미치는 방법을 이해하라.
- 문화가 업무 수행을 효과적으로 지원하는지 확인하라.
- 혁신을 촉진하는 문화를 조성하라.

리더가 문화의 힘과 문화를 이끄는 데 있어 자신의 역할을 인식한 후에는 기능적 문화와 역기능적 문화의 역학 관계를 이해해야 한다.

● 문화 이끌기: 학교문화 이해를 위한 성찰 ●

• 문화 비전의 선도 이해하기
  – 리더는 학교의 역사, 전통, 태도가 학교의 문화에 어떻게 기여하는지 이해하려는 의지가 있어야 한다.
  – 문화 비전을 개발하고 주도하려면 '어떻게'와 조직 구성원의 행동에 초점을 맞추어라. '무엇'과 실행 전략에 주의를 빼앗기지 않도록 주의하라.
  – 기능적인 학교문화와 역기능적인 학교문화를 이해하려면 리더는 눈에 보이는, 그리고 보이지 않는 역학 관계를 모두 볼 수 있는 문화적 관점을 가져야 한다.

• 문화 비전을 위한 리더십 활용하기
  – 학교문화에 영향을 미치는 우리 학교의 역사와 전통에 대해 자세히 알아보기 위해 무엇을, 어떻게 할 것인가?
  – 우리 학교문화에 긍정적으로, 부정적으로 영향을 미치는 요소들과 이들 간의 눈에 보이거나 보이지 않는 역학 관계의 목록을 작성해 보자. 이 정보로 무엇을 할 수 있는가?
  – 리더로서 '무엇을(전략)'에 산만해지지 않으면서, '어떻게(행동)'를 잘 분별하려면 어떻게 해야 하는가?

4. 기능적 학교문화와 풍토

문화는 시간이 지남에 따라 경험, 가치관, 신념이 변화하는 사람들의 맥락에 의해 점진적으로 발전한다. 학교문화는 관계적이며, 행동, 관습, 의식을 통해 계속 이어진다. 또한 문화는 조직의 정책, 절차 및 구조인 외적 요인과 내부 구성원의 경험인 내적 요인의 영향을 받는다(제2장 참조).

학교문화는 역동적이며, 지역사회와 외부의 요구에 부응하고 적응하면서 지속적으로 변모하고 변화한다. 기능적 문화는 교장과 교사 모두의 효과적인 리더십을 필요로 한다. 교장은 교사에게 교실 밖에서 리더십을 발휘할 수 있는 기회를 제공할 때 실제적인 문화 리더가 된다. 교사의 리더십은 교사가 자신의 목소리를 내고 자신의 신념에 따라 행동할 수 있는 주도성을 발휘할 수 있을 때 필요하고 만들어진다(제1장 참조). 문화는 바탕이 되며, 학교의 모든 측면에 영향을 미친다. [그림 1-1]은 학교문화 프레임워크의 통합적 요소(예: 자율성, 소속감 등)가 독립적으로 존재하지 않음을 보여 준다. 이러한 통합적 요소는 서로 영향을 주고받으며 사람들이 상호작용하고 서로를 대하는 방식에 영향을 미친다. 문화는 집합적으로, 좋거나 나쁘거나 무관심한 것 모두를 포함한다.

긍정적이고 건강한 학교문화와 풍토 혹은 부정적이고 해로운 문화를 설명하는 데 사용되는 용어들이 많이 있다. 학교문화에 대한 이미지를 떠올리게 하는 다음 용어를 잘 생각해 보자.

- 기능적인가 혹은 역기능적인가?
- 건강한가 혹은 유해한가?
- 생산적인가 혹은 비생산적인가?

문화를 설명하기 위해 사용되는 이러한 용어들은 학교공동체 내에서 이해되고 공유되어야 한다. 교사와 리더는 그들의 문화를 설명하기 위해 주로 자신들의 언어를 사용하고, 더 중요하게는 그들이 매일 그 속에서 살아가기 때문이다.

제2장으로 돌아가서, 문화는 "사람들이 함께 일하고, 문제를 해결

하고, 도전에 직면하면서 시간이 지남에 따라 축적된 규범, 가치, 신념, 전통 및 의식의 저변 흐름(underground stream)"으로(Peterson & Deal, 1998, p. 28), 풀란(Fullan, 2014)은 이러한 가치와 신념이 문화의 토대라고 확인했다. 피터슨과 딜(Peterson & Deal, 2016)은 교사가 자유롭게 문제를 해결하고 도전에 직면할 수 있는 협력적인 근무환경에 주목한다.

1) 긍정적인 학교문화와 풍토

긍정적인 업무 문화는 시간이 지남에 따라 형성되며, 협업과 신뢰(이 장의 뒷부분에서 살펴볼 것임)와 같은 확립된 규범에서 나오는 행동들에 의해 매개된다. 학교문화는 제2장에서 살펴본 내적 요인과 외적 요인을 바탕으로 형성되면서 변화하고 있다. 긍정적인 문화에서 교사의 자기효능감은 공동체 구성원들 사이에서 더 큰 집단적 효능감으로 확장된다.

학교 리더는 자신의 행동 및 결정, 심지어 자신의 페르소나(persona)[2]를 통해 학교 비전과 문화의 기반이 형성되는 데 중심적인 역할을 하게 된다. 모든 리더는 재직 기간에 상관없이 학교문화의 역학 관계를 이해해야 한다. 리더는 구성원들 간의 상호작용, 학교 거버넌스 체제, 교사 지원, 교사의 업무분장 등을 면밀히 살펴보는 광부 역할을 해야 한다.

문화의 역학 관계는 복잡하기에 현재의 문화가 건전한가, 아니면

---

2) 역자 주: 페르소나(persona)는 심리학에서 타인에게 비치는 외적 성격을 나타내는 용어로, 그리스 고대극에서 배우들이 쓰던 가면을 의미하는 것에서 연유함.

유해한가와 같은 단순한 질문으로는 해석하기 어렵다. 학교문화는 시간이 지남에 따라 상호작용하는 여러 요인의 영향을 받는다. 문화는 건강한 특성과 해로운 특성으로 나타낼 수 있다(Peterson & Deal, 2016). [그림 1-1]에 제시된 빙산의 이미지를 보면, 통합적 요소(빙산의 일각 아래)는 교사의 목소리와 주도성이라는 토대 위에 자리 잡고 있다. 〈표 3-1〉은 통합적 요소를 반영하는 긍정적인 학교문화와 부정적인 학교문화에서 자주 발견되는 특성들을 보여 준다.

학교문화와 풍토의 긍정적인 속성은 교차한다.

〈표 3-1〉 **긍정적인/부정적인 학교문화의 특성**

긍정적인 학교문화의 특성	부정적인 학교문화의 특성
교사들은 의사 결정 과정에 그들의 목소리와 주도성이 있다는 임파워먼트를 가진다.	교사들은 리더를 그저 '따르기만' 한다.
교사들은 소속감을 갖는다.	교사들은 소외되고 고립되었다고 느낀다.
교사들과 리더가 협력적이다.	교사들은 과도한 규제와 탑다운 방식의 결정에 의해 통제된다.
혁신을 장려한다.	교사들이 혁신을 하기 어렵다.
격려하는 피드백이 기본이다.	단일한 패턴의 피드백만 있다.
교사들은 지지와 격려를 받으며 안전하다고 느낀다.	교사들의 노력에 대한 지지와 지원이 없다.
교사들은 전문성을 인정받으며, 학생들의 필요에 기반하여 교수학습 전략, 교육과정, 평가에 대한 자율성을 갖는다.	교사는 광범위하게 승인된 교육과정이나 교수학습 전략에서 벗어날 수 없다.
교사들은 심리적으로 안전한(fault-free) 환경에서 업무를 하고 실수도 할 수 있다고 느낀다.	과실을 찾는 것(fault-finding)이 일반적이다.
교사들은 통찰력, 숙고, 신념에 기반하여 행동하는 집단적 책임을 수용한다.	교사들은 자신의 신념, 전문성 그리고 학교와 학생들에 대한 직접적인 지식에 따라 행동하기를 멈춘 관람자이다.

2) 긍정적인 학교문화와 풍토의 상호작용

그리섬 등(Grissom et al., 2021)은 "학교의 모든 개인이 효과적인 교수학습에 참여하거나 이를 지원하는 데 시간을 할애할 수 있는 긍정적인 풍토(p. 64)"가 공동체 구성원들이 공동의 가치를 공유하고, 의사 결정에 참여하고 기여하며, 학교의 목표를 지지한다고 보고하였다.

긍정적인 학교문화와 풍토는 교사의 효능감과 학생의 성장과 발달을 위한 전제 조건이다. 긍정적인 학교문화에서는 교사와 리더는 모든 학생이 학습하고 성취할 수 있다고 믿는다. 리더와 교사가 학생의 성장과 발달을 지원하기 위한 정책, 절차, 실천을 함께 만들어 가는 문화일 때 긍정적인 학교 풍토가 조성될 수 있다. 해로운 학교문화에서 교사는 대체로 고립된 채로 일하며, 리더와 갈등하게 되는 경우가 많아 학생의 실패에 대해 서로를 비난하는 문화가 만들어진다.

교사의 성장은 긍정적인 학교문화와 풍토의 핵심이며, "보다 지원적인 환경에서 일하는 교사가 덜 지원적인 환경에서 일하는 교사보다 시간이 지남에 따라 효능감이 증가한다"(Kraft & Papay, 2014, p. 476). 제2장에서는 교사의 사기와 근무환경의 영향에 대해, 제1장에서는 교사의 목소리와 주도성에 대해 살펴보았다. 긍정적인 학교문화에서 교사는 "창의력을 발휘하고, 위험을 감수하고, 해결책을 강구하고, 학교에 건강한 풍토를 조성하기 위한 일들을 할 수 있는" 권한을 부여하는 리더와 함께 지속적으로 전문적 학습에 참여한다(Combs et al., 2013, p. 124).

긍정적인 학교문화와 풍토를 조성하는 데 리더의 역할이 무엇보다 중요하다. 리더의 행동과 상호작용은 긍정적인 학교문화와 풍토

형성에 도움이 되거나 그렇지 않을 수 있으며, 유능한 교장은 "집단적 효능감의 문화 조성에 온 힘을 쏟는다"(Fullan, 2014, p. 55).

문화와 풍토에 대해 자세히 살펴보면, 학교문화가 교사의 신념과 태도, 교사 주도성, 교사 임파워먼트(empowerment), 자율성, 자기 및 집단효능감에 내재되어 있는 것을 알 수 있다(제1장 참조). 또한 긍정적인 학교문화는 공동의 비전을 공유하는 교장과 교사의 연대에 의해 만들어지며, 이때 공동의 비전은 교사들 간 리더, 학생들, 다른 공동체 구성원들과의 상호작용 방식을 구체화하는 데 기여한다.

긍정적인 학교문화를 발전시키는 데 있어 중요한 것은 규범의 역할과 그 규범이 사람들이 상호작용하며 협력하는 방식에 어떻게 영향을 미치는지를 이해하는 것이다. 여러 면에서 이런 규범들이 학교문화와 풍토의 기능적이거나 비기능적인지 그리고 세부 지침 내용을 결정한다.

3) 긍정적인 학교문화와 풍토의 핵심 규범

규범(norm)은 사람들이 상호작용하는 방식에 대한 지침 역할을 하는 불문법적인 행동 규칙이다(Chance, 2009). 사피어와 킹(Saphier & King, 1985)은 그들의 연구에서 긍정적인 학교문화로 이어질 수 있는 12가지 핵심 규범을 확인하였다(〈표 3-2〉 참조).

〈표 3-2〉 **긍정적인 학교문화의 핵심 규범**

규범	설명
협력 관계	교사들은 개방적이고 솔직한 방식으로 서로 교류한다.
실험정신	교사들은 실패가 용인되는 환경에서 위험을 감수한다.

높은 기대감	교사는 자기 자신과 상호 간 그리고 학생에 대한 높은 기대감을 갖는다.
신뢰와 자신감	교사는 서로 간 신뢰하며, 자신의 결정에 자신감을 갖는다.
유형적 지원	시간, 재정 등의 자원들이 이용가능하다.
지식기반 활용	교사는 교실 맥락에 따른 의사결정에 도움이 되는 정보와 자료를 이용할 수 있다.[3]
존중과 인정	교사가 중요하고 존중받으며 학교의 일부라고 느낀다. 자신이 한 업무가 높은 평가를 받는다고 느낀다.
배려, 축하, 유머	교사는 정서적으로 지지받는다고 느낄 때 성장한다. 공동체는 서로 간, 그리고 학생들의 크고 작은 성취를 축하한다.[4]
의사결정 참여	교사는 의사결정과정에 적극적으로 참여한다.
중요한 것의 보호	우선순위에 맞추어 필요한 시간과 자원의 확보를 보장한다.[5]
전통	전통은 문화를 형성하고, 공동체 일부로서 유지된다.
정직하고 열린 소통	교사는 열린 공간에서 자신의 수업과 관련한 대화를 나눈다.[6]

위 규범들이 학교문화에 널리 퍼져 있을 때 궁극적으로 나타나는 성과는 가장 가치 있는 것, 즉 신뢰이다.

신뢰는 문제의 핵심으로, 모렐(Morel, 2014)은 "교장은 존중과 신

---

3) 역자 주: 원문에 따르면 긍정적인 학교문화의 핵심 규범으로 '지식기반 활용'에 대하여 다음과 같이 설명하고 있어 해당 내용을 추가로 제시함.
'교사는 교실 맥락에 따른 결정, 교육, 개선을 위해 교수법과 학생의 학습 방법, 특정 분야의 교수법, 청소년의 인지 및 정서발달 등 실용적이고 방대한 자료를 활용한다.'

4) 역자 주: 원문에 따르면 '배려, 축하, 유머'에 대하여 '교사들이 정서적으로 지지받고, 교사 간 그리고 학생들의 성취를 축하하는 학교에는 유머와 웃음이 있다.'로 설명하고 있음

5) 역자 주: 원문에 따르면 '중요한 것의 보호'에 대하여 '관리자들은 우선순위에 맞추어 교사의 수업 및 준비를 위한 시간을 보장해 주며, 학교 교육에서 최우선으로 해야 할 것에 대한 지원을 위해 자원을 확보한다.'로 설명하고 있음

6) 역자 주: 원문에 따르면 '정직하고 열린 소통'에 대하여 '교사들이 열린 공간에서 자신의 수업과 관련된 대화를 나누는 이런 학교에서는 구성원 간 건설적으로 의견을 나누고 토론하며 서로를 격려한다.'로 설명함

뢰의 분위기를 조성하기 위해 노력해야 한다. 이것은 하루아침에 이루어지는 것이 아니며, 리더십이 긍정적인 모범을 보이는 것에서 시작된다"고 강조하였다(p. 36). 신뢰는 긍정적인 문화를 뒷받침하는 "조직을 개선하는 노력에 더 많은 시간을 할애하게 하는 '윤활유(lubricant)' 역할을 한다"(Handford & Leithwood, 2013, p. 194).

자신감은 신뢰를 기반으로 한다. 교사는 교장에 대한 신뢰가 있어야 하며, 신뢰가 없으면 신규 교사는 학교를 떠나려는 경향이 높다(Torres, 2016). 교사가 의사결정과정에 참여하지 않으면 그 학교는 건강하지 않은 학교로 평가되며(Torres, 2016), 학습공동체를 만든다는 희망은 기하급수적으로 감소할 것이다(Zepeda, 2019). 긍정적인 학교문화와 풍토는 서로 간의 책임을 통해 만들어질 수 있으며, 이는 더 나은 학교 경험으로 이어진다. 그러나 역기능적이고 해로운 문화라는 어두운 측면도 있다.

● 문화 이끌기: 학교문화 이해를 위한 성찰 ●

• 기능적 학교문화와 풍토 이해하기
  - 긍정적인 학교문화/풍토와 부정적인 학교문화/풍토 간에는 식별할 수 있는 차이점이 있다. 리더는 학교문화를 개선하기 위해 이 특성을 구분할 수 있어야 한다.
  - 학교문화/풍토는 교사, 리더, 구성원의 행동을 통해 다양하게 나타나며, 이것은 눈에 보이는(표면 위) 측면과 눈에 보이지 않는(표면 아래) 측면의 역동적인 관계를 만들어 낸다.
  - 긍정적인 학교문화를 만들어 내는 규범과 행동은 정의되고 실천되어 학교의 신뢰도를 높이는 데 기여한다.

- 기능적 학교문화와 풍토 활용하기
  - 긍정적인 학교문화와 부정적인 학교문화에 영향을 미치는 요인들을 어떻게 구분하고 진단하여 적절한 대응 방안을 제시할 수 있는가?
  - '모든' 학생이 학습할 수 있다는 전제 위에 성공적인 학교를 구축하는 것과 동일한 방식으로 '모든' 교직원이 우리 학교의 문화와 풍토에 참여하도록 보장하는 방법은 무엇인가?
  - 우리 학교문화에 영향을 주는 규범(언어로 표현되는 것과 그렇지 않은 것을 포함)을 파악하라. 어떤 것이 긍정적인지 혹은 잠재적으로 부정적인지를 파악하기 위한 계획을 수립하고 이 정보를 학교와 공유하라.

5. 역기능적 학교문화와 풍토

긍정적인 학교문화는 교사와 다른 사람들이 학교와 학생을 위해 행동할 수 있는 권한을 부여하는 반면, 부정적인 문화에서는 이러한 권한을 마비시킨다. 〈표 3-1〉은 긍정적인 학교문화와 역기능적인 학교문화의 뚜렷한 대조를 보여 준다.

1) 역기능의 역학 관계

일반적으로 역기능적인 학교문화는 "업무, 분위기, 사람 또는 그 모든 조합이…… 개인, 학교 또는 그 공동체에 심각한 혼란을 야기하는" 부정적인 문화이다(Fuller, 2019, para. 1). 역기능적 문화에서 리더십은 이중적인 기준, 일관성 없는 기대치, 불투명한 소통이 만연하고, 따라서 교사들이 자신의 의견을 말하고 권한을 행사하는 데 두려움을 느낀다. 본질적으로 교사의 주도성과 목소리가 억압되고,

교사와 교사의 근무환경이 통제되는 상명하달식의 지시적 리더십만 남게 된다.

2) 공동체성과 협업

하그리브스(Hargreaves, 1994)에 따르면, 참여가 강제적이고, 규칙 중심적이며, 시간과 장소가 고정되어 있고, 예측 가능한 관리자에 의해 통제되는 문화에서 공동체성와 협업은 인위적이다. 즉, 교사는 규정을 따라 참여를 강요받는다. 일반적으로 이러한 문화에서 교사는 관리자의 손아귀에서 벗어날 수 있는 권한이 없다. 무하마드(Muhammad, 2009)는 교사들이 "도전과 역경에 적절히 대응할 수 없는" 환경에 놓이게 되며, "그러한 문화에서 교육자들은 정체되고, 정체는 퇴보의 촉매제가 될 수 있다(p. 83)."고 말했다. 제5장에서 협업에 대해 자세히 살펴볼 것이다.

학교문화의 모든 측면이 역기능적이거나 긍정적일 가능성은 낮기 때문에, 교장과 교사는 다음과 같은 학교의 상태를 점검할 필요가 있다.

1. 교사와 수업이 정해진 구조와 배치
2. 교사, 리더, 학생, 학부모 간 의사소통의 패턴
3. 학생에 대한 믿음: 학업 실패의 책임이 학생에게 있다고 생각하는가?
4. 혁신을 방해하거나 장려하는 내부 및 외부 정책
5. 의사 결정 과정과 학교 비전 및 과업과의 연계성

문화 비전과 이를 뒷받침하는 리더십은 신념과 태도를 재구성하고, 교사의 역할을 재설정하며, 개선에 필요한 규범이 무엇인지 살펴보는 노력을 주도해야 한다. 학교문화와 학교 풍토의 긍정적인 측면과 부정적인 측면을 이해하면서, 재문화화(reculturing)에 초점을 맞춰야 한다.

● 문화 이끌기: 학교문화 이해를 위한 성찰 ●

• 역기능적 학교문화와 풍토의 특성 이해하기
 – 역기능적인 학교문화/풍토는 빈번한 혼란과 이해관계자에 대한 일관되지 않은 요구로 만들어진다.
 – 리더는 의사소통의 패턴, 학생에 대한 신념, 정책, 의사 결정 과정을 포함하되 이에 국한되지 않는 다양한 지표로 역기능의 정도를 평가해야 한다.
 – 문화 비전은 신뢰를 약화시키고 조직의 역기능을 야기하는 태도의 재건을 추구해야 한다.

• 역기능적 학교문화와 풍토를 해결하기 위한 힘 활용하기
 – 우리 학교에서 긍정적인 학교문화와 풍토를 저해하는 요인들과 그 역동을 구체적으로 파악하라.
 – 위에서 파악한 학교문화 저해 요인과 역동을 개선하기 위한 솔루션을 개발하는 데 교직원이 참여하게 하라.
 – 솔루션을 실행하기 위해, 학교 구조, 일상, 정책과 관련하여 우선순위를 어떻게 조정해야 하는지 파악하라.

---

6. 문화 비전의 변화

학교 리더들에 의한 단일 행동이나 사건들이 문화에 어느 정도 영향을 줄 수 있지만, 실질적이고 장기적인 문화의 변화는 체계적인 과정(system processes)을 필요로 한다. 또한 문화에 영향을 미치는 것은 상향식(bottom up)도, 하향식(top down)도 아니다. 문화를 하향식으로 바꾸려는 노력은 누군가의 업적으로 간주되기 때문에 비효율적인 반면, 상향식의 경우는 리더의 동의와 지원을 얻기가 어렵다(Friday Pulse, n.d.). 보두인과 테일러(Beaudoin & Taylor, 2015)는 문화의 변화를 위해서는 학교 리더와 교사가 중간에 만나는 쌍방향적이고 동시적인 접근 방식이 필요하다고 주장한다. 문화를 변화시키려면 학교의 사명과 공유된 신념에 따라 하향식 접근 방식과 상향식 접근 방식 간의 섬세한 균형이 필요한 것이다.

1) 재문화화

재문화화(reculturing)는 지속적인 과정이다. Fullan(2019)은 "재문화화는 힘들고 노동 집약적인 작업이 수반되는 스포츠와 같다. 시간이 걸리고 결코 끝나지 않는다"고 하였다(p. 42). 문화는 상대적으로 정적인 것처럼 보일 수 있으나, '빙산의 아래에서(under the tip of the iceberg)' 일어나는 역동성과 같이 끊임없이 움직이고 있다. 내·외부의 역동성은 학교문화에 영향을 미치며, 사람들은 문서화되지 않았으나 암묵적으로 이해되는 '이곳에서 일을 처리하는(doing things around here)' 방식에 따라 반응하고 행동한다.

내부와 외부의 일, 정책 등은 재문화화 비율과 속도에 영향을 미
친다. 예를 들어, 「아동낙오방지법(NCLB)」 시행 전에는 교사들이
교육과정과 평가에 대한 결정을 내릴 수 있는 재량권이 더 많았다.
학교는 국가 및 주 정부의 책임 기준과 제재 위협, 하위 그룹 학생의
성과를 파악하여 기대치를 높임으로써 변화에 대한 동기를 부여받
았다. 일부 학교는 학습에 대한 여러 평가를 통해 성취도 격차를 줄
이는 데 기반을 둔 긍정적인 학교문화를 발전시켰다. 반면에 다른
학교는 도덕적으로 타락한 행동(예: 학생 시험지에 거품 넣기)을 조장
하는 시험 준비 문화로 역기능을 일으켰다. 재문화화는 자발적 또는
비자발적으로 일어날 수 있다. 그러나 학교문화는 규범, 협업 패턴,
근무환경 등을 바탕으로 그 토대를 구성한다.

　이미 확립된 문화의 모든 측면이 완전히 긍정적이거나 해롭지
는 않을 것이다. 학교문화에는 긍정적인 측면과 해로운 측면이 모
두 내재되어 있다고 가정하는 것이 현실적이다. 학교 리더의 과제
는 "행동을 변화시키고 사람들이 새로운 방식으로 행동하도록 설득
하는 것"(Eaker & Keating, 2008, p. 16)이다. 재문화화는 집단적 목적
의식을 촉진하기 위해 신념, 기대, 가정을 검토하는 것이 포함된다
(Fullan, 2016, 2019). 인식이 없으면 학교문화에 내재되어 있는 사고,
행동, 규범을 변화시키기 어렵다.

　메이어(Maier, 1987)에 따르면 변화에는 두 가지 유형이 있다. 일
차적 변화(first-order change)는 교사 개인 또는 소수의 교사가 관
여하여 좀 더 지향적(directive-oriented)이며 사고나 태도를 변화시
키지는 못한다. 일차적 변화는 즉각적이고 규정중심(compliance-
driven)이다. 크레이머(Kramer, 2017)는 다음과 같이 말한다.

일차적 변화는 종종 되돌아가는 경우가 많다. 새로운 학습이 필요하지 않으며, 이미 존재하는 것을 약간 조정하는 것으로, 종종 연구에 의해 뒷받침된다. 그러나 대부분의 경우, 이러한 변화만으로는 충분하지 않다. 변화를 뒷받침하는 신념과 철학의 변화가 없기 때문이다.

(para. 4)

Kramer(2017)는 일차적 변화는 "변화의 목적이 부족"하고, "체크리스트(a checklist)"와 유사하다고 말한다(para. 14).

이차적 변화(second-order change)는 시간이 더 오래 걸리고 상당한 시간과 이해관계자의 참여가 필요하다. 이차적 변화를 통해 교장은 교직원과 함께 집단적으로 태도, 신념, 규범, 행동을 변화시킨다. 이차적 변화는 계획적이고 문화의 매우 구체적인 측면에 초점을 맞추며(Levy, 1986), "다른 방식으로 세상을 보고, 가정에 도전하며, 새롭고 다른 세계관에서 작업하는 것"을 포함한다(Coaching Leaders, n.d., para. 5).

변화는 어렵고 느리며 점진적으로 이루어진다. 어떤 사람들은 그 변화를 받아들이고, 어떤 사람들은 단계마다 싸울 것이며, 그리고 다른 사람들은 양가적 태도를 보이기도 할 것이다(Fullan, 2016). 〈표 3-3〉은 재문화화와 관련된 변화가 어려운 이유를 보여 준다.

〈표 3-3〉 **재문화화(reculturing)의 어려움**

- 통제력 상실에 대한 두려움
- 미지의 세계에 대한 불확실성
- 역량에 대한 우려
- 업무 증가에 대한 우려
- 부수적인 변화에 대한 두려움

출처: Fullan (2016), Hargreaves and Fink (2006), Sarason (1996).

이러한 두려움은 현실이지만, 리더는 학교문화에 필요한 변화를 주도하면서, 비판적인 대화에 안주해서는 안 된다.

문화 비전을 선도한다는 것은 교사가 학생의 성공, 전문가로서의 성장 그리고 학교의 성장에 필요한 업무를 수행하는 데 방해가 되는 규범과 행동에 도전하는 것을 의미한다. 덜 긍정적이고 생산적이지 않은 모든 것은 체계적으로 해결해야 한다.

2) '좋은(Good)' 혼란 주도

능력 있는 리더는 필요할 때, 혁신의 노력을 방해하는 행동을 의도적으로 막는다. 이 장의 앞부분에서는 문화 렌즈를 통한 리더십에 대해 살펴보았다. 문화 형성을 방해하는 행동, 규범, 태도 양식을 없애는 것이 리더십의 일부이다. 이러한 문화 요인들을 해결하지 않으면 비효율적이라는 신호가 되고, 예측 가능한 역기능 패턴이 지속될 수 있다. 의도적으로 집중하여 고려해야 할 몇 가지 단계는 다음과 같다.

- 업무의 우선순위를 정하라. 중요한 일과 수용할 수 없는 일 그리고 그 이유를 명확히 할 기회와 시간을 만든다.
- 긴박감/위기의식(a sense of urgency)을 조성하라. 학교문화에서 수용할 수 없는 패턴은 즉시 해결해야 한다. 미네소타주 교육부(Minnesota Department of Education, 2019)는 변화에 관한 보고서에서 긴박감 조성을 위해 다음과 같이 몇 가지 질문을 제시한다.
  - 이 변화가 중요하고 시급한 이유는 무엇인가?

- 이렇게 시급하고 큰 규모의 변화에 대한 근본적 이유를 공유
  할 수 있는가?
- 이러한 이해가 얼마나 깊이 공유되고 있는가?
- 학교공동체를 위한 변화의 틀을 어떻게 구성할 수 있 는가?
- 특히 쉬운 답이 없는 경우, 학교공동체가 공유할 수 있는 올바
  른 질문들은 무엇인가?
- 학교공동체가 이러한 질문들에 답하기 위해 참여할 수 있는
  구조(소통 통로)가 마련되어 있는가?

(p. 10)

- 모델링(modeling)으로 리드하라. 보다 수용 가능한 행동(말과 행
  동)을 모델링한다.
- 일관성을 유지하라. 교사 및 기타 이해관계자들과 지속적으로
  협력하여 더 강력하고 활기찬 문화를 만들기 위한 노력을 지원
  한다.

의도적인 소란을 유도하는 방법은 간단하지 않다. 리더들에게 중
요한 것은 학교문화 혁신의 노력이 자유낙하하지 않도록 안전한 착
륙장(safe landings)을 만드는 것이다. 안전한 착륙은 변화의 과정에
서 교사들에게 편안함을 제공할 수 있다. 학교문화 혁신의 과정에서
안전한 착륙은 학교문화를 안정화하는 것이다.

3) 학교문화의 안정화

학교는 안정적인 문화의 가치를 이해함으로써 내부 및 외부 영향

에 더 잘 대응할 수 있다. 풀라코스와 카이저(Pulakos & Kaiser, 2020)에 따르면, "조직의 안정성은 직장에서 파괴적인 변화가 일어날 때 사람들에게 자신감, 안정감, 낙관주의를 제공하며, 이를 통해 침착함을 유지하고 합리적으로 행동하며 상황 변화에 효과적으로 적응할 수 있게 해 준다"고 한다(para. 2). 학교문화가 안정적이든 어느 정도의 혼란이나 역기능에 처해 있든, 특히 코로나19와 같은 변화의 시기에는 리더의 역할이 지속적인 안정을 가져오는 데 여전히 중요하다.

혼란 중이거나 계획된 변화 속에서 문화를 안정시키는 데 참여하려면 리더가 자신의 신념을 공유하고 학교 내에 내재된 신념을 이해해야 한다. 문화 변화에는 과거의 신념을 버리는 한편 새로운 신념을 만들어 낼 책임을 격려할 것을 요구한다. 학교문화를 안정화하기 위한 리더의 접근 방식에는 다음이 포함되어야 한다.

- 문화를 학교의 사명, 비전 및 신념과 연계한다.
- 모든 사람이 참여하고 있으며 그들의 목소리가 중요하다는 것을 인식하고 소통한다.
- 학교에서의 경력에 상관없이 솔루션 개발 과정에 교직원을 모두 참여시킨다.
- 우리는 모두 함께한다는 주인의식의 중요성을 강조한다.
- 서로 다른 관점을 존중하는 지속적인 대화를 통해 적절하게 타협한다.
- 변화에 대처하는 데 필요한 시간을 구조화한다.

문화의 변화는 신념에서 시작되며 단기간에 이루어지는 이벤트가 아니라 학교 리더의 지속적인 관심과 참여가 필요한 지속적이고 연속적인 과정이다.

  안정적인 문화를 유지하는 데 필요한 관심과 주의집중은 여러 면에서 고속 경주용 자동차에 대한 정비공의 관심과 주의집중에 비교할 수 있다. 정비공은 엔진의 성능을 그 소리를 통해 파악하고, 지속적으로 조율한다. 학교 리더는 지속적인 대화와 이어지는 집단적 실천을 통해서 학교문화의 성과를 파악할 수 있다.

● 문화 이끌기: 학교문화 이해를 위한 성찰 ●

• 학교문화 이해하기
  - 재문화화는 문화의 특정 측면에 긍정적인 영향을 주기 위해 일차적 변화와 이차적 변화를 활용하는 것을 포함한다.
  - 리더는 긍정적인 문화를 방해하는 행동, 규범, 태도의 패턴을 의도적으로 약화시키는 방법을 염두에 두어야 한다.
  - 문화의 변화는 빠르게 일어나지 않고, 지속적인 관심, 지속적인 참여, 일관성 있는 기대가 필요하므로, 안정성이 중요하다.

• 학교문화의 힘 활용하기
  - 문화 변화의 진전을 더디게 하는 두려움에는 어떤 것이 있는가? (복합적 역학 관계의 예는 〈표 3-3〉 참조)
  - 일차적 변화와 이차적 변화를 위한 기존의 전략들을 나열해 보라. 어떤 전략들이 우리 학교의 문화 변화 과정에 유용한가 혹은 덜 유용한가?
  - 혼란의 규모를 고려할 때, 일차적 변화 및 이차적 변화 속에서 문화를 안정화하기 위해 필요한 핵심 요소는 무엇인가?

7. 나가며: 요약

학교문화는 학교에 마법처럼 나타나 학생의 성취도에 영향을 미치는 무형의 혼란스러운 요소가 아니다. 오히려 문화는 체계적이고 의도적인 역동의 과정으로, 학교 구성원 개개인의 역사, 가치, 규범, 행동에서부터 진화하며, 이는 순기능을 하거나 역기능을 하며, 긍정적이거나 해로울 수도 있다. 리더는 이러한 관계를 인식하고 이에 대응하여 긍정적인 문화 변화를 이끌어 낼 수 있는 기회와 책임을 모두 가지고 있다.

학교문화의 통합적 요소는 빙산처럼 눈에 보이거나 보이지 않을 수 있지만, 교사들은 항상 느끼고 있다. 학교문화에서 원하는 수준의 신뢰와 확신을 얻으려면 리더는 교사의 목소리와 주도성을 확대하기 위해 지속적으로 관심을 기울이고 참여해야 한다.

안타깝게도 '학교생활(school life)'의 속도는 종종 이러한 리더십의 목적성과 안정화를 더욱 어렵게 만드는 혼란을 야기하기도 한다. 하지만 이것이 바로 학교문화 혁신의 도전이자 책무이다.

● 실천 이끌기: 학교문화 혁신을 위한 실천 ●

• 학교문화의 기능적 및 역기능적인 역학 관계 분석하기
 - 학교문화에 긍정적으로 기여하거나 반대로 신뢰와 자신감, 궁극적으로 학교문화를 약화시키는 '학교생활(school life)'의 특정 측면을 파악해 보자. 그리고 해결해야 할 가장 중요한 측면의 우선순위를 정하자.

7. 나가며: 요약 113

- 학교문화 개선을 위한 절차 개발하기
  - 교사 주도성 발휘는 교사의 목소리를 듣는 것으로 시작하라. 이는 학교 문화 개선을 위해 '무엇'이 아닌 '어떻게'에 집중할 수 있도록 돕는다.

- 문화 안정화를 위한 전략 실행하기
  - 교직원과 함께 방해 요인들을 제거하고 문화를 안정시키는 것의 성과를 명확히 하고, 우려되는 영역을 해소 혹은 해결하기 위한 계획과 타임라인을 세우자.

읽기자료

Beaudoin, M., & Taylor, M. (2015). *Creating a positive school culture: How principals and teachers can solve problems together.* Skyhorse Publishing.

Fullan, M. (2019). *Leading in a culture of change* (2nd ed.). Jossey-Bass.

Lubelfeld, M., & Polyak, N. (2017). *The unlearning leader: Leading for tomorrow's schools today.* Rowman & Littlefield.

참고문헌

Beaudoin, M., & Taylor, M. (2015). *Creating a positive school culture: How principals and teachers can solve problems together.* Skyhorse Publishing.

Chance, P. L. (2009). *Introduction to educational leadership and organizational behavior: Theory into practice* (2nd ed.). Eye On Education.

Coaching Leaders. (n.d.). *First order and second order change Understanding the difference.* https://coaching leaders.co.uk first-order-change/

Combs, J., Edmonson, S., & Harris, S. (2013). *The trust factor: Strategies for school leaders.* Eye on Education.

Eaker, R., & Keating, J. (2008). A shift in school culture: Collective commitments focus on change that benefits student learning. *Journal of Staff Development, 29*(3), 14-17. https://learningforward.org/the-learning-rofessi onal/

Friday Pulse. (n.d.). *Why workforce culture needs systems thinking.* https://app.fridaypulse.com/en/help-center/improvingorganizational-culture/why-workplace-culture-needs-systems-thinking

Fullan, M. (2014). *The principal: Three keys to maximizing impact.* Jossey-Bass.

Fullan, M. (2016). *The new meaning of educational change* (5th ed.). Routledge.

Fullan, M. (2019). *Leading in a culture of change* (2nd ed.). Jossey-Bass.

Fuller, K. (2019, March 15). How to recognize a toxic work environment and get out alive. *Psychology Today.* www. psychologytoday.com/ us/blog/happiness-is-state-mind/201903/how-recognize-toxic-work-environment-and-get-out-alive

Grissom, J. A., Egalite, A. J., & Lindsay, C. A. (2021). How principals affect students and schools: A systematic synthesis of two decades of research. *The Wallace Foundation.* www.wallacefoundation. org/principalsynthsis.

Handford, V., & Leithwood, K. (2013). Why teachers trust school leaders. *Journal of Educational Administration, 51*(2), 194-212. https://doi.org/10.1108/09578231311304706

Hargreaves, A. (1994). *Changing teachers, changing times: Teachers' work and culture in the postmodern age.* Teachers College Press.

Hargreaves, A., & Fink, D. (2006). *Sustainable leadership.* Jossey-Bass.

Kraft, M. A., & Papay, J. P. (2014). Can professional environments in schools promote teacher development? Explaining heterogeneity in returns to teaching experience. *Educational Evaluation and Policy Analysis, 36*(4), 476-500. https://doi.org/10.3102/0162373713519496

Kramer, S. V. (2017). What kind of change leads to learning for ALL? *Solution Tree .* www.solutiontree.com/blog/second-order-change/

Kruse, S. D., & Louis, K. S. (2008). *Building strong school cultures: A* guide to leading change. Corwin Press.

Lanoue, P. (2019). School culture is more than how it feels when you walk through the school door. *K12 Insight*. www.k12insight.com/trusted/school-culture-lanoue/

Levy, A. (1986). Second-order planned change: Definition and conceptualization. *Organisational Dynamics, 15*(1). https://doi.org/10.1016/0090-2616(86)90022-7

Maier, H. W. (1987). *Developmental group care of children and youth: Concepts and practice*. Haworth.

McKinney, C. L., Labat, M. B., & Labat, C. A. (2015). Traits possessed by principals who transform school culture in national blue ribbon schools. *Academy of Educational Leadership Journal, 19*(1), 152-166. www.alliedacademies.org/affiliate-academies-ael.php

Minnesota Department of Education. (2019). *Change leadership: A guide for school leaders*. Minnesota Department of Education.

Morel, N. J. (2014). Setting the stage for collaboration: An essential skill for professional growth. *Delta Kappa Gamma Bulletin, 81*(1), 36-39. www.dkg.org/DKGMember/Publications/Journal/DKGMember/Publications/Bulletin-Journal.aspx?

Muhammad, A. (2009). *Transforming school culture: How to overcome staff division*. Solution Tree Press.

O'Beirne, N. (2019). The power of applying a cultural lens to your organization. *EY*. www.ey.com/en_ie/consulting/the-power-of-applying-a-cultural-lens-to-your-organisation

Peterson, K. D., & Deal, T. E. (1998). How leaders influence the culture of schools. *Educational Leadership, 56*(1), 28-30. www.ascd.org/publications/educational-leadership.aspx

Peterson, K. D., & Deal, T. E. (2016). *Shaping school culture* (3rd ed.). John Wiley & Sons.

Pulakos, E., & Kaiser, R. B. (2020). To build an agile team, commit to organizational stability. *Harvard Business Review*. https://hbr.org/2020/04/to-build-an-agile-team-commit-to-organizational stability#:~:text=A%20foundation%20of%20organizational%20 stability,effectively%20as%20the%20situation%20evolves.

Raudys, J. (2018). 11 real ways to build a positive school culture. *Prodigy*. www.prodigygame.com/in-en/blog/school-culture/#leadership

Richtsmeier, S. (2018). Simple steps to transform your culture vision into reality. *Tinypulse*. www.tinypulse.com/blog/simple-steps-to-transform-your-cultural-vision-into-reality

Saphier, J., & King, M. (1985). Good seeds grow in strong cultures. *Educational Leadership, 42*(6), 67-74. www.ascd.org/publications/educational-leadership.aspx

Sarason, S. B. (1996). *Revisiting the culture of the school and the problem of change*. Teachers College Record.

Shafer, L. (2018). *What makes a good school culture?* Harvard Graduate School of Education. www.gse.harvard.edu/news/uk/18/07/what-makes-good-school-culture

Torres, A. C. (2016). The uncertainty of high expectations: How principals influence relational trust and teacher turnover in no excuses charter schools. *Journal of School Leadership, 26*(1), 61-91. https://doi.org/10.1177/105268461602600103

Turan, S., & Bektas, F. (2013). The relationship between school culture and leadership practices. *Eurasian Journal of Educational Research, 52*, 155-168. http://ejer.com.tr/en/

Wong, K. (2020, May 7). Organizational culture: Definition, importance, and development. *Achievers*. www.achievers.com/blog/organizational-culture-definition/

Zepeda, S. J. (2019). *Professional development: What works* (3rd ed.). Routledge.

제 장

학교문화 혁신과 우리의 노력

1. 학교문화 살펴보기

코로나19로 인해 힘들었던 학기가 끝날 무렵, 한 중학교 교장은 전체 교직원의 30%가 넘는 사직서를 받았다. 전례 없는 사직 현상의 원인과 향후 교사들의 잔류를 위해 무엇을 할 수 있을지 조사하기 위해 퇴사한 모든 교사를 대상으로 면담을 진행하였다.

면담은 개방형 질문으로 진행되었고, 코로나19 이전과 이후의 사회·정서적 측면과 개인적 어려움의 차이를 중점적으로 물어보았다. 35명이 넘는 교사의 면담을 통해 근무처 변경, 퇴직 등 교직을 떠나는 다양한 이유를 확인하였다.

이 교장은 면담 조사에 참여한 모든 교사의 응답 내용에서 공통된 주제를 발견하였다. 교직이 해가 갈수록 어려워지고 있고, 코로나19로 인한 힘겨웠던 상황이 그 정도를 가속화했다는 점이다. 정리하면, 교사들은 가르치는 일이 다음과 같다고 답하였다.

- 힘들고 점점 더 어려워지고 있다.
- 시간 소모가 무척 크기에, 가족을 위한 시간과 에너지가 거의 남지 않는다.
- 정서적 마비를 가져올 만한 고립감을 느낀다.
- 안전과 건강에 대한 두려움이 있다.

이 교장은 다가오는 한 해 동안 교사들을 사회·정서적으로 지원하는 문화를 조성하기로 하였다. 교장은 면담 결과를 정리하여 새 학기 시작 전에 교직원들과 공유하였고, 학교 운영에 필요한 새로운 지침들을 제시하였다.

2. 들어가며

학교문화를 변화시킬 수 있는 원동력은 교사가 목소리를 낼 수 있는 능력과 그것을 실행할 수 있는 능력, 즉 주도성과 연관이 된다. 교사가 주도성을 발휘하려면 교사의 개인적, 집단적 목소리를 포용할 수 있는 문화가 필요하다(제1장 참조). 학교문화는 학교마다 다양한 방식으로 묘사되나, 교사와 리더 간의 협력을 지원해야 한다. 언제나 긍정적인 관계를 촉진하고, 학생, 학부모, 지역사회를 위해 봉사하는 교사와 다른 사람들에 대해 깊은 애정을 가지고 있어야 한다.

이 장에서는 학교문화의 인간적인 측면 즉, 교사와 리더가 학생과 서로를 위해 함께 협력하고 헌신하는 학교에 뿌리내리고 있는 관계성, 소속감, 협업 구조를 살펴보고자 한다.

3. 관계의 중요성

그동안 학교의 주요 관심사는 학생들의 웰빙에 집중되어 왔지만, 교사들의 웰빙에도 새로운 관심이 요구된다. 코로나19의 영향으로, 교사들을 위한 사회 · 정서적 지원이 시급해졌으며, 관계와 연결성의 중요성이 강조되고 있다. 관리자들은 이제 강력한 국가 주도 개혁에서 벗어나 교사들의 사회 · 정서적 지원을 위해 새로운 역할을 맡아야 한다. 관심과 배려를 바탕으로 긍정적이고 격려하는 학교문화

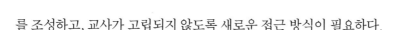

를 조성하고, 교사가 고립되지 않도록 새로운 접근 방식이 필요하다.

1) 배려와 지원

코로나19 팬데믹을 겪으면서 교사들이 필요로 하는 지원이 무엇인지 알게 되었다. 또한 교사의 신체적, 정서적 건강을 위한 안전하고 안심할 수 있는 환경 조성의 필요성도 확인할 수 있었다. 학교가 다시 문을 열면서 상실감, 주거지 이탈, 경제적 불안정 등을 경험한 많은 학생과 교직원들은 1년여 만에 처음으로 대면하여 마주할 수 있게 되었다. 교육공동체 구성원 간의 의미 있는 관계성 회복을 위해, 학교는 배려와 지원의 장소가 되어야 한다.

코로나19 팬데믹 동안 대부분의 교사가 겪은 스트레스, 혼란, 업무 과중으로 인해, 학교에서의 사회·정서적 지원은 이제 교사들에게 중요한 우선순위가 되었다. 오프강(Ofgang, 2021)은 사회·정서적 지원을 하기 위해서는 학교 리더가 그것에 대한 중요성을 인식하고, 의도적으로 노력을 기울이며, 그 과정에 모든 구성원을 포함시키고, 끊임없이 그 과정에 대해 성찰해야 한다고 말하였다.

교사 이탈 현상이 심화하는 상황에서 이러한 원칙은 학교의 지원체제 구축과정에 무척 중요하다. 교사 부족 문제는 항상 존재해 왔으나 코로나19의 여파로 더욱 악화되고 있다. RAND Corporation의 연구에 따르면, 슈타이너와 우(Steiner & Woo, 2021)의 보고서에서 표집된 교사의 25%가 2020-2021학년도 말까지 교직을 떠날 가능성이 있다고 응답했다. 이는 코로나19 팬데믹 이전의 16%였던 결과와 비교하면 무척 높은 수치로, 교사 4명 중 1명이 교직을 그만둘 의향이 있음을 나타낸다.

한 세대의 교사가 교직에서 물러나고 새로운 세대가 들어올 때 학교는 큰 영향을 받는다. 학교문화를 만드는 데 도움을 주었던 교사들이 떠나고 다양한 배경과 이념을 가진 새로운 교사들이 들어와 영향을 미친다. 이러한 이유로 문화의 역동성과 그 영향을 이해하는 것은 학교문화가 교사를 기반으로 구축되기에 매우 중요하다(제1장 참조).

교사는 자신의 업무에 대해 존중받고 인정받아야 한다. 존중과 인정은 학생, 교사, 학부모, 지역사회 구성원을 배려하는 문화가 정착된 교육공동체 안에서 강력한 원동력이 된다. 오랜 기간 배려와 그 도덕적 윤리를 연구한 나딩스(Noddings, 1984, 2006)에 따르면, 배려가 서로 관심을 갖고 공감하는 상호 호혜적인 관계라는 점을 강조한다. 배려심이 많은 리더는 자기성찰적이며, 교사들과 함께 배운다. 선도적인 학습자로서 교장은 공개적인 곳에서 자신의 약점를 보여 주어야 하며, 그렇게 함으로써 배려라는 강력한 규범의 모범이 되는 것이다.

리더는 모델링, 대화, 실천, 확인을 통해 도덕적이고 윤리적으로 배려하는 행동과 성향, 신념과 가치를 보여 줌으로써 배려의 토대를 강조하며, 이는 〈표 4-1〉에 제시한 바와 같이 Noddings(2002) 배려 프레임워크의 핵심이다.

〈표 4-1〉 Noddings 배려 프레임워크와 리더십의 관계

구성 요소	리더십 실천내용
모델링	리더는 롤모델로서 다른 사람을 배려하는 모습을 보여 준다.
대화	리더는 대화에 참여한다. 사람들은 상호 이해를 바탕으로 한 깊은 대화를 통해 서로에 대해 더 알아 간다.
실천	리더는 배려의 모범을 보일 뿐만 아니라 교사들이 동료에게 배려와 관심을 표현하는 연습의 기회를 제공한다.
확인	리더는 교사의 노력을 확인하고 교사와 교사의 업무에 가치를 부여함으로써 교사의 능력을 최대한 끌어낸다.

출처: Noddings (1996, 2002).

배려의 귀감이 되는 리더는 교사를 지원하는 데 큰 도움이 될 수 있다.

교사가 교직에서 전문성을 키워가기 위해서는 사회·정서적 지원이 필요하다. Transforming Education(2020)에 따르면, 교사의 사회 정서 학습에 대한 지원을 이해하려면 학생과는 다른 관점이 필요하다고 강조하였다. 교사에게 중요한 것은 스트레스를 관리하고, 안전하고 격려하는 교실 환경을 만들고, 동료들의 전반적인 웰빙을 인식하는 것이다. 궁극적으로 리더는 학교의 상황과 교사의 전반적인 특성에 맞게 신중하고 집중적으로 맞춤형 지원책을 마련하여 교사를 도와야 한다.

교사 개인의 스트레스와 그것이 교사의 웰빙과 동료와의 업무 효율성에 미치는 영향은 오늘날 학교에서 가장 중요하게 떠오르는 요구 사항 중 하나일 수 있다. 그린버그 등(Greenberg et al., 2016)에 따르면, 다음과 같은 결과를 확인할 수 있다.

- 교사의 46%는 매일 높은 스트레스를 받고 있으며, 이로 인해 건강, 수면, 삶의 질, 교육 성과가 저하된다.
- 교사가 스트레스를 많이 받으면 학생의 사회적 적응과 학업 성취도가 모두 낮아진다.
- 조직 또는 개인 차원의 개입, 또는 두 가지 모두를 아우르는 개입은 교육에 대한 문화와 접근 방식을 변화시켜 교사의 스트레스를 줄이는 데 도움이 될 수 있다.
- 멘토링, 직장 복지, 사회 정서 학습, 마음 챙김과 같은 프로그램이 모두 교사의 웰빙과 학생의 성과를 개선하는 것으로 나타났다.

(p. 2)

이러한 지원의 제공은 단순히 프로그램을 마련하는 것 이상을 의미한다.

교사의 웰빙에 의미 있는 영향을 주려면, 학교 리더는 교사의 정서적 스트레스를 인정하고 이를 지원하기 위해, 주도적인 역할을 해야 한다. 조직적 관점에서, 건서(Gonser, 2021)는 다음과 같이 설명하였다.

> 학교는 교사들이 동료들과 더 자주, 더 긴밀하게 소통하고 협력하게 하는 실천과 권한 공유 구조에 투자해야 한다. 이를 통해 교사들에게 정서적 지원을 제공하고 업무와 스트레스를 관리할 수 있는 협력적 계획을 세우도록 돕는다.
>
> (para. 4)

코로나19 팬데믹으로 인한 사회·정서적 위기를 통해 얻은 교훈을 바탕으로 리더는 다음 사항을 고려해야 한다.

- 교사의 근무 조건과 웰빙의 연관성에 대한 데이터를 수집한다. 학교 리더는 다양한 배경을 가진 교사들이 그들의 근무 조건에 따라 영향을 받을 수 있다는 점을 명심해야 한다. 학구(學區)의 리더는 교사들과 학교 리더들이 협력하여 다양한 정신 건강 및 복지 지원을 설계하고 실행할 수 있도록 도와야 한다.
- 교사들이 스트레스를 줄이고, 교직에 남아 있을 수 있도록 질 좋은 보육 서비스 및 안정적인 육아 환경을 제공해야 한다.
- 원격교육을 활성화하기 위한 명확한 정책을 개발하고 교사에게 지급되는 원격 장비(노트북, 카메라, 마이크 등)의 기준을 마

런해야 한다. 또한 장기적으로 원격교육에 필요한 연수를 교사
들에게 제공해야 한다.

(Steiner & Woo, 2021)

교사의 사회·정서적 건강을 제도적으로 관리하려면 현재의 학
교 조직 구조, 교사의 기대치, 업무량 등을 검토하여 교사에 대한 배
려와 지원이 최우선으로 보장되도록 해야 한다. 불문율이나 규범과
함께 프로그램이나 제도의 변경은 학교문화 내에서 무엇이 중요하
고 가치 있는지에 대한 메시지를 전달한다.

2) 명확한 메시지를 보내는 규범적 행동

제3장에서는 불문율인 학교 규범에 대해 살펴보았다. 몇 가지 규
범은 학교를 이끌고 인재를 개발하는 업무의 중심에 교사에 대한 배
려(care)를 두고 있다(〈표 3-2〉 참조). 배려와 마찬가지로 신뢰(trust)
도 핵심 규범이다. 긍정적인 학교문화는 신뢰를 기반으로 조성되며,
신뢰는 시간과 노력을 통해 만들어지는 관계에 토대를 둔다. 리더들
은 그들의 행동, 의사소통 방식 그리고 그들이 교사와 소통 시에 보
여 주는 존중과 정직함을 통해 관계를 형성하면서 신뢰를 쌓는다.

리더는 학교문화 안의 규범을 개발하는 데 중추적인 역할을 한다.
리더의 전문적이고, 개인적인 행동과 메시지는 학교문화에 강력한
영향을 미친다. 이러한 메시지와 행동은 긍정적 또는 부정적인 영향
을 줄 수 있다. 예를 들어, 학교혁신에 긍정적인 영향을 미치는 리더
는 학습문화(learning culture)를 촉진하기 위한 규범을 개발하며, 이
를 실현하기 위해 교사들과 협력하여 교수법을 개선하고 교사의 성

장을 촉진한다(Leo, 2015).

리더는 자신의 규범과 학교 및 지역사회의 규범 사이의 불일치로 인해 생기는 긴장을 해소해야 한다. 특히 이러한 규범들이 양립할 수 없을 때는 더욱 그렇다. 누구의 규범이 더 중요하며 그 이유는 무엇인가? 이 질문은 중요한 문제이다. 리더는 문화가 지역사회의 집단적 규범을 반영하는지, 그리고 이러한 규범이 긍정적인 학교문화에 기여하는지에 대해 숙고해야 한다. 또한, 자신의 규범들이 학교와 지역사회에 의해 수용되지 않을 때, 이를 조정해야 한다. 쉐이퍼(Shafer, 2018)는 학교의 리더가 스스로에게 다음과 같이 질문해 볼 것을 제안하였다.

1. 공동체의 구성원이 당신이 하는 일에 대해 어떤 기본적인 신념을 갖기를 원하는가?
2. 공동체의 구성원이 당신이 하는 일에 대해 옳거나 그르거나, 좋거나 나쁘거나, 정당하거나 불공정하다고 생각하는 것은 무엇인가?
3. 모든 사람이 적절하거나 바람직한 운영 방식에 대해 가져야 할 기대는 무엇인가? 어떤 합의된 규칙이 행동을 안내해야 하는가?
4. 어떤 행동과 태도가 일관되게 지켜지기를 원하는가?
5. 신념, 가정, 가치, 규범 및 행동에 대한 가시적인 증거는 무엇인가?

(para. 3)

규범은 학교의 맥락을 바탕으로 하기에, 리더와 교사의 규범은 일상 업무에서 확인할 수 있다. 학교는 성인이 일하고 배우는 데 있어 매우 고립된 장소가 될 수 있으므로 학교문화 내에서 긍정적이고 배려하는 관계를 지원하는 규범이 중요하다.

3) 고립의 외로운 길

여러 면에서 교사의 고립은 역설적이다. 교사는 일과 중 대부분을 교실에서 학생들과 상호작용하나, 성인과 지속적으로 교류하는 시간은 많지 않다(Flinders, 1988; Webb, 2018). 리더를 위한 성찰적 질문에는 다음이 포함된다.

- 교사는 업무 중에 어떤 경험을 하는가?
- 하루 대부분을 어른이 아닌 아이들과 함께 교실에 있어야 하는 상황에서 교사는 어떻게 다른 성인들과 소통할 수 있는가?

이러한 질문에 대한 답은, 무척 어려운 교사들의 상황과 학교에서 고립이 발생하고 내재화되는 구조적인 문제를 보여 준다. 로티(Lortie, 1975)는 그의 고전 저서에서 다음과 같은 세 가지 유형의 고립에 대하여 설명하였다.

- 달걀 상자 고립(egg-crate isolation): 학교의 유기적 구조로 볼 때 교사는 물리적으로 분리되어 있으며 성인과 많은 접촉 없이 하루를 보낸다. 다시 말해, 교사들은 교실 문을 닫고 가르치는 경우가 많으며 동료들과 교류할 시간이 거의 없다.
- 심리적 고립(psychological isolation): 심리적 고립은 교사들이 동료들과의 상호작용을 인식하는 방법과 관련된다.

- 적응적 고립(adaptive isolation): 교육에 대한 다양한 요구가 누
  적되면 관행과 절차에 지속적으로 적응해야 하는 교사에게 부
  담을 줄 수 있고, 압박감을 주는 일정으로 교사를 고립시키는
  경우도 많다.

Lortie가 고립을 묘사한 1975년 이후 많은 변화가 있었지만, 코로
나19 팬데믹과 같은 학교의 외부 원인으로 인해 계속해서 고립이 나
타나고 있으며 심지어 그 정도가 악화되고 있다. 긍정적인 학교문화
에서 리더와 교사들은 고립의 영향을 이해하여, 협력할 수 있는 기
회를 만들어 낸다. 이들은 조직의 구조적인 원인으로 만들어지는 고
립감을 줄이고, 관계와 소속감이 넘쳐 나는 근무환경을 조성하여,
심리적 고립감을 최소화한다.

사람들 간의 상호작용과 관계의 중요성은 모두 알고 있지만, 웹
(Webb, 2018)이 "다른 사람으로부터 고립된 교사는 동료들을 신체
적으로, 정신적으로, 정서적으로 하나로 모으는 대화를 자주 놓치고
있다"(para. 2)고 지적했듯이, 소통과 관계로부터 고립된 교사들의
상황을 이해하는 것이 중요하다. 교사 고립의 핵심은 학교 현장의
공식적·비공식적 구조, 절차 및 정책들로 인해 발생한 관계의 단절
과 부재이다. 리더가 학교문화에 중점을 두고 변화의 노력을 기울일
때 가장 중요한 전략은, 관계를 구축하고 고립을 줄일 수 있는 구조
에 초점을 맞추는 것이다.

교사들과 리더들이 관계를 구축하지 못하는 공통된 이유는 일반
적으로 시간 및 에너지와 관련된다. "수업 준비를 해야 한다." "학생
들에게 최선을 다하기 위해 에너지를 아껴야 한다." "선생님들이 너
무 바빠서 다른 일을 추가할 수 없다."는 말이 자주 회자된다. 이러

한 이유들이 정당하지만, 학교 리더는 이러한 정서 너머를 보고 교
사들이 서로 소통할 수 있는 구조를 만들 필요가 있다. 학교에서 성
인들 간의 관계는 중요하다.

교사의 고립을 최소화하는 것은 먼저 학교 리더와 교사 간의 관계
에서 시작된다. 학교 리더들에게 강력한 관계를 구축하기 위한 제안
내용은 다음과 같다.

1. 한 학교(이전 학교)에서 효과가 있었던 것이 현재 학교에서는
   효과가 없을 수도 있다는 점을 알고, 대대적인 변화를 시도하
   기 전에 학교문화를 이해해야 한다. 교사들이 일을 잘하고 있
   다는 입장에서 시작하라.
2. 베테랑 교사의 경험과 전문성은 학교와 교직 사회의 자산이므
   로 이를 활용하라.
3. 교사들이 자신의 강점을 더 잘 활용하고, 새로운 지식을 더 잘
   학습할 수 있게 하는 가능성과 방법에 대해 교사들과 이야기를
   나누라.
4. 교사 역량뿐만 아니라 리더 역량도 함양할 수 있는 방법을 눈
   에 띄게 보여 주고 참여하라.
5. 교사들의 의견을 구하고 그들의 제안을 전략적으로 존중하라.

관계는 학교가 하는 일의 중심에 있다. 긍정적인 학교문화에서 리
더는 강력한 관계가 연대와 소속감을 고취하는 토대가 된다는 것을
잘 알고 있어야 한다.

4) 연대와 소속감

긍정적인 문화가 있는 학교에서는 연대(affiliation)와 소속감(sense of belonging)이 모두 강력한 동기부여가 되어 지원을 유지하고, 고립감을 줄이며, 서로에 대한 배려와 관심의 정신을 고취하고, 협업을 촉진한다(제5장 참조).

사람들은 소속감을 느끼고 그룹의 일원이 되기를 원하며, 원만한 업무적 관계에서 필요한 연대에 의해 동기를 부여받는 경우가 많다(McClelland, 1990). 연대는 소속되고자 하는 동기를 알고 경험하는 것이다. 미첼과 새크니(Mitchell & Sackney, 2000)는 "사람들은 근무처, 동반자 관계, 정체성 및 소속감을 찾기 위해 노력한다(p. 3)."고 언급하였다. 긍정적인 학교문화는 교사가 경력을 쌓으며 성장할 수 있는 곳이다.

소속감을 갖는 것은 모든 교사, 특히 교직 첫해의 신규 교사에게

자아실현의 욕구
창의적인 활동을 포함하여 자신의 잠재력을 최대한 발휘하는 것

존중에의 욕구
명성과 성취감

소속감의 욕구
개인적 및 직업적 관계, 연결감 및 소속감

안전의 욕구
보안, 안전

생리적 욕구
음식, 물, 따뜻함, 휴식

[그림 4-1] Maslow의 욕구 5단계

출처: McLeod (2020).

필요한 핵심 요소이다(Zepeda, 2018). [그림 4-1]은 매슬로(Maslow, 1943)의 욕구 5단계이다. 피라미드의 가장 아래에는 음식, 물, 따뜻함, 휴식과 같은 기본적인 욕구가 있으며, 그 바로 위에는 보안을 포함한 안전 욕구가 있다.

그다음 두 층은 심리적 욕구인 소속감과 존중에의 욕구이다. 욕구단계의 중간에 있는 소속감 또는 소속은 다른 사람들과 연결되어 있다고 느끼며 관계를 구축하고자 하는 욕구이다(Baumeister & Leary, 1995). 소속감을 느끼는 교사는 목적의식이 더 강해지고(Lambert et al., 2013), 효능감이 증가하며(Skaalvik & Skaalvik, 2007), 고립감을 덜 느끼고(Kelly, 2001), 소진(burn-out)과 스트레스를 경험할 가능성이 감소한다(Skaalvik & Skaalvik, 2016). 소속감이 교사에게 중요한 이유는 다음과 같다.

- 일에서 의미를 도출한다.
- 직업에 대한 몰입도를 증가시킨다.
- 학교와 지역사회의 일원임을 느낀다.
- 일을 통해 성장하고 배운다.
- 자신이 가치 있다고 느낀다.
- 스트레스가 많은 교직 생활 중에도 지속적으로 동기를 부여받는다.

  (Allen, 2009; Bjorklund et al., 2020; Huppert, 2017; Zepeda, 2018)

긍정적인 학교문화는 고립감의 해결 방법(antidote to isolation)으로 소속감을 제시한다. 연대와 소속감을 높이기 위해서는 협업 지원 구조를 구축하는 것이 필수적이다.

● 문화 이끌기: 학교문화 이해를 위한 성찰 ●

• 관계의 힘 이해하기
 − 능력이 있는 리더는 학교문화의 힘을 활용하여 교사의 사회 · 정서적인
  필요를 지원한다.
 − 높은 수준의 신뢰를 구축하고 유지하는 리더는 자신의 개인적이고 직
  업적인 행동이 학교문화 내 규범에 긍정적으로 또는 부정적으로 어떤
  영향을 미치는지 안다.
 − 교사들이 대부분 시간을 학생들과 함께 보내고, 동료들과 교류하는 시
  간은 거의 없는 학교의 업무구조는 교사를 신체적, 심리적으로 고립시
  키는 원인이 된다.

• 관계의 힘 활용하기
 − 소통과 협업을 지원함으로써 교사들의 고립을 최소화할 수 있는 실천
  적 방안에는 어떤 것들이 있는가?
 − 교사가 관찰할 수 있는 규범과 학교문화에 긍정적 또는 부정적 영향을
  미치는 학교 리더의 행동들을 파악하고 있는가?
 − 학교 리더는 배려 및 소속감과 관련된 학교문화의 흐름을 어떻게 파악
  하고 있는가?

4. 협업 구조

긍정적인 학교문화는 "교사와 관리자가 교육 목표와 학교의 목표
를 달성하기 위해 지식을 공유하고, 아이디어를 제공하고, 계획을 수
립하는(Leonard, 2002, p. 4)" 전문적인 협업을 특징으로 한다. 여기에
서는 협업 구조 구축을 중심으로 살펴보고자 하며, 협업은 제5장에

서 다룰 예정이다.

협업적 기회와 지원 시스템의 구축은 무작위로 만들어지는 것이 아니다. 학교의 필요를 바탕으로 신중하고 체계적으로 추진되어야 한다. 협업 구조는 상황에 따라 다르며, 시간이 지남에 따라 점진적으로 변화한다. 아래 제시되는 절차와 전략은 독자들에게 일반적인 협업 구조의 예시를 제공하기 위함이다. 근본적으로 교장의 역할은 교사들에게 문화의 전달자로서 권한을 부여하고, 폭넓은 참여의 기회를 제공하는 것이다(제1장 참조). 협업 구조는 그동안 개인이 혼자 처리하던 업무방식에서 벗어날 수 있도록 돕는다.

1) 추진과정 공유하기

협업 구조는 교사들이 복잡한 문제(complexities of teaching)를 놓고 함께 일할 수 있도록, 개별적인 실천을 공론화할 수 있게 해 준다. 이와 관련하여, 리더가 교사 지원 프로그램과 교사들의 일상 업무체계를 검토할 때 던져야 할 질문들을 정리하여 아래 〈표 4-2〉에 제시하였다.

협업 구조를 구축하려면, 교사들이 학교의 사명에 부합하는 방식으로 문제, 도전, 혁신에 대해 논의하고 해결할 시간과 기회를 가질 수 있는 '공유 공간(shared spaces)'이 필요하다. 이러한 구조에는 '신뢰'라는 핵심 규범을 전제로 하며, 교사와 각 부서(teams)가 자신의 역할을 명확히 하고, 부서의 구성과 기능, 활동에 있어 자율성을 부여하는 것으로 구현된다. 이제 학교 전체적인 구조에서 교사 리더십을 살펴보고자 한다.

〈표 4-2〉 **교사 지원 프로그램과 일상업무체계 검토를 위한 주요 질문**

교사 지원 프로그램(Programs for Teachers)
• 교사가 참여할 수 있는 전문 프로그램에는 어떤 것이 있는가?
• 얼마나 많은 교사가 이러한 프로그램에 참여하는가?
• 저경력/신규 교사가 학교 적응과 새로운 직업적 역할에 도움을 받을 수 있는 프로그램(멘토링 및 입문)이 있는가?
• 교사를 위한 리더십 활동에는 어떤 유형이 있는가?
• 교사들이 개설되길 희망하는 프로그램의 유형은 어떻게 알 수 있는가?
교사 일상업무체계(Workday Arrangements)
• 교사들이 서로의 수업을 관찰하고 배운 점을 나눌 수 있는 시간이 일과 중에 제공되는가?
• 학년별 회의나 부서 회의같이 협력하여 계획을 세울 수 있는 시간이 따로 구성되어 있는가?
• 공식 및 비공식 리더십 활동에 참여하는 교사는 몇 명인가?
• 협업 체계를 개발하는 데 누가 참여하였는가?

2) 교사 리더십

교사 리더가 하는 일은 학생의 학습, 학교혁신, 학교의 전반적인 역량 강화에 지대한 영향을 미칠 수 있다. 교사들이 교직을 떠나 행정직으로 자리를 옮기지 않고도 교실의 경계를 넘어 영향력을 넓힐 수 있는 기회를 원하고 필요로 한다. "교사가 이러한 권한을 갖고 행동할 때, 그들의 목소리가 인정받고, 무엇보다도 그 목소리로 변화가 일어나기 때문에, 힘을 얻게 된다(empowed)(Zepeda et al., 2003, p. 13, 원문 강조)."고 강조하였다. 교사 리더십은 제6장 후반부에서 인적 자본과 사회적 자본의 구축 방법으로 다시 살펴볼 정도로 학교문화 구성에 필수적이다.

교사 리더십이 각 학교 현장에서(at the local level) 어떻게 정의되고 실천되는지는 상황에 좌우된다. 카첸마이어와 몰러(Katzenmeyer

& Moller, 2009)는 교사 리더는 긍정적인 문화 속에서 "교실 안팎에서 리더십을 발휘하고, 교사 학습자 및 리더 커뮤니티에 정체성을 두고 기여하며, 학교 수업 개선을 위해 다른 사람들에게 영향을 미치고, 리더십의 성과에 대한 책임을 받아들일 수 있다(p. 6)."고 제시하였다. 교사 리더십을 발전시킬 수 있는 교장의 자세는 다음과 같다.

1. 교사의 성장 기회 확장을 위해 그들의 관심사를 활용하라.
2. 교사 리더십을 발휘할 수 있는 기회를 만들라.
3. 경력 승진기회를 지원할 수 있도록 전문적 학습을 제공하라.
4. 교사가 자신의 분야에서 전문가가 될 수 있도록 지원하라.
5. 교사들의 전문성을 높이 평가하라.

협업을 지원하는 구조는 다양한 방식으로 일하는 교사를 장려하며, 교사의 참여를 유도하고 유지하는 데 많은 이점을 주기에 필수적이다. '전문적 학습공동체(professional learning community)' 모델이 한 가지 방안이 될 수 있다.

3) 전문적 학습공동체

일반적인 협업 구조는 1980년대에 시작한 학습공동체 개념이다. 효과적인 전문적 학습공동체(Professional Learning Communities: PLCs)는 교사들이 상호작용하여 교사의 전문 지식과 경험에 접근하고, 전문적 학습에 적극적으로 참여하고, 혁신을 위한 안전망을 제공함으로써 효율성을 개선할 수 있는 방식으로 구성된다. 학습공동체를 조직하는 방법에는 여러 가지가 있지만, 그들은 "교사들이 자신들의 교육과정과 수업(instructional practices)의 효과(impact)를 탐구하기 위해 협력하는 방법을 재정의하였다(Zepeda, 2017, p. 63)". 전문적 학습공동체의 특징은 다음과 같다.

- 구성원 간 시너지효과를 창출할 수 있는 충분한 상호작용
- 수업에 대한 주기적인 분석
- 역량 강화
- 학생에 대한 집중
- 추진과정 공유
- 그룹 내의 공동 리더십
- 협업 팀

(DuFour & Eaker, 1998; DuFour et al., 2005)

팀워크는 매우 중요하다. 학습공동체에서 교사는 "의미 있는 대화에 참여하고, 수업에 대해 성찰하며, 학생의 성장을 위해 더 효과적인 방법이 무엇인지 배운다.(Pirtle & Tobia, 2014; p. 1)" 이에 더해 교사들은 "동료 교사를 위한 지원자이자 자원이 된다"(Freidus et al., 2009, p. 186).

4) 온라인 학습공동체

현재 교육이 가상 공간으로 전환됨에 따라, 교사들은 학교와 지역을 넘어 전문적 학습공동체를 확장할 수 있는 기회를 얻게 되었다. 온라인 공동체는 코로나19 팬데믹에 의한 기간 동안 학교가 문을 닫았을 때, 교사들이 협업하여 계획을 세우며, 고립감에서 벗어날 수

있는 생명줄이었다(Zepeda & Lanoue, 2021). 디지털 도구와 온라인 공간을 통해 다음과 같은 것이 가능해졌다.

- 대면 회의 지원과 확장
- 효율성 증대(학생의 과제 검토)
- 형성 평가에 대한 피드백 제공
- 지식과 작업물을 공적으로 만들기 위한 작업/저장
- 아이디어를 공유하고 학생들의 학습에 대해 생각해 볼 수 있는 공통 교육과정의 문제를 다루는 블로그

(Zepeda, 2015)

이제 온라인 공동체와 네트워크는 교사가 원격으로 근무하든 학교에 있든 상관없이 일반적인 것이 되었다. 또한, 협력적 계획은 학생의 성장을 지원하기 위한 교사들 간의 소통 방법으로 꾸준히 발전해 왔다.

5) 협력적 계획

협력적 계획(collaborative planning)은 교사들이 공동으로 수업을 계획하고, 실제로 실행하며, 평가하는 것으로 이 같은 과정은 전문성 개발로 이어진다. 또한, 협력적 계획은 교사들이 새로운 수업에 대해 논의하고 기존의 수업을 수정할 수 있는 기회를 주기에, 실험 정신과 위험을 감수할 수 있는 자신감을 심어 준다. 협력적 계획은 그 자체로 다음과 같은 힘을 실어 준다.

교사들이 설계자로서 함께 일할 수 있는 공간을 제공하는 것은, 당신이

그들에게 전문성을 개발하고, 평가하고, 성찰하고, 반복할 수 있는 공간, 즉

성장의 공간(a space to grow)을 제공하는 것이다. 교사들이 이런 과정을

거쳐 설계자로서의 주체성을 갖게 되면, 21세기에 학습이 무엇인지 다시

생각하면서 교사와 학생 사이의 경계를 허물고 서로를 지원할 수 있는 더

큰 수준의 주도성을 갖게 된다.

(Rufo-Tepper, 2014, p. 17)

협력적 계획은 교사가 모든 학생의 성취를 지원하는 방식으로 성
장할 수 있는 기회를 제공한다.

6) 멘토링 및 입직 프로그램[1]

신규 교사가 성장하고 교직에 머무르는 데 필요한 지원을 제공하
기 위해서는 경력 있는 교사의 멘토링(mentoring)이 매우 중요하다.
전국의 학교들은 코로나19 이후 심화된 고질적인 교원 부족 문제로
어려움을 겪고 있다. 팬데믹으로 인해 2020년에 교직에 첫발을 내디

---

1) 역자 주: 멘토링 및 입직 프로그램(mentoring and introduction program)은 학생의 학업
성취도를 높이는 동시에 신규 교사의 성공과 유지를 개선하는 효과적인 전략임. 관련 연
구를 보면, 교사의 40~50%가 첫 5년 이내에 교직을 떠나는 것으로 보고되는 미국과 같은
국가에서는 멘토링과 입직 프로그램이 교사 유지와 관련이 있는 것으로 나타남(Ingersoll,
2003). 주법(州法)에 따라 학구(學區)에서는 신규 교사에게 멘토를 배정해야 하며, 신규 교
사는 첫해에 응급처치 및 심폐소생술 교육을 포함하여 교직에 들어온 첫 3년 동안 15일(총
90시간)의 전문성 개발 연수를 받아야 함. 멘토는 주법에 따르면 한 명 이상의 마스터 교
사, 대학교수 또는 은퇴한 교사가 신규 교사의 멘토로 지정되어야 하며, 법에는 '마스터 교
사(master teacher)'의 정의와 활동 요건이 명시되어 있지 않기에 구체적인 자격 요건과 활
동 내용은 지역 교육구에서 결정할 수 있음.
입직(introduction)은 하나의 과정(process)인 반면, 멘토링은 입직 과정에 속하는 여러 활
동 중 하나임(다음 그림 참조).

딘 교사들은 실질적으로는 2021년 가을에 두 번째 첫해를 맞이하게 되는 셈이다. 앞으로, 신규 교사 멘토링 프로그램은 위기 수준에 있는 인력 문제의 추세를 막는 중요한 단계가 될 것이다.

멘토링은 경험이 풍부한 교사들이 저경력 교사들(early-career teachers)과 함께 수업 참관, 교수법에 대한 고찰, 학교의 상황과 문화에 대해 학습하는 신규교원 입직 프로그램의 핵심이다. 학교 리더는 멘토링의 가치를 이해하고, 초임 교사와 멘토를 지원할 수 있는 구조, 공간, 시간 자원을 제공해야 한다. 이러한 자원은 저경력 교사와 멘토가 "교육의 핵심 업무, 즉 교육과 학생 학습에 매우 명확하게 집중"(Hudson, 2012, p. 81)하여, 교육의 복잡하고 어려운 과제들(complexities of teaching)을 풀어 나갈 수 있게 해 준다. 코칭(coaching), 피드백(feedback), 성찰(reflection)은 저경력 교사를 위한 학습 내재화 방법으로, 골드릭(Goldrick, 2016)은 "양질의 입직 프로그램(introduction programs)은 신규 교사의 전문적 성장을 가속화하여 더 많은 선택과 빠른 성장을 가능하게 한다"(p. i).고 강조하였다.

협업을 지원하는 구조는 교사들이 다양한 방식으로 일하는 것을 장려하고, 긍정적인 학교문화를 구축하고 유지하는 데 여러 이점을

입직 프로그램
- 워크숍
- 전문적인 네트워크 또는 협회
- 멘토, 추진자, 코치
- 교실 수업 관찰
- 행정지원
- 학습공동체
- 포트폴리오, 영상

출처: https://www.michigan.gov/mde/services/ed-serv/educator-retention-supports/mentoring-and-induction-supports/faq
https://www.teachermagazine.com/au_en/articles/beginner-teachers-induction-and-mentoring

제공한다.

● 문화 이끌기: 학교문화 이해를 위한 성찰 ●

- 협업 구조 이해하기
  - 교사들이 함께 교수법을 연구할 수 있는 공유 공간이 있으면 교사의 고립과 공간의 사유화를 방지할 수 있다.
  - 학교 리더는 교사가 리더가 될 수 있는 기회를 제공하여, 리더를 육성해야 한다.
  - 협업 교사 팀, 온라인 커뮤니티, 멘토링, 교사 입직 프로그램 등 교사 전문적 학습공동체를 통해 조성된 학교문화는 교사들이 상호작용하는 방식을 재정립하는 데 있어 매우 중요하다.

- 협업 문화의 힘 활용하기
  - 교사들이 교수법과 관련하여 서로를 관찰하고 협력적으로 상호작용하기 위한 지원 방안에는 무엇이 있는가?
  - 학교 조직에서 모든 교사에게 열려 있는 리더십 기회가 있는지, 그리고 이런 기회가 어떻게 교사의 전문적 성장을 촉진하는지 설명해 보자.
  - 학교 리더가 전문적 학습공동체, 교사 멘토링, 입직 프로그램(introduction program) 교육을 지원할 수 있는 방법을 찾아보자.

---

5. 나가며: 요약

학교는 사람들의 업무와 관계가 중요한 조직이다. 리더는 교사를 존중하고, 교사에 대한 사회·정서적 지원이 필요함을 알고 이런 지원을 할 수 있는 학교문화를 조성하기 위해 노력해야 한다. 학교는 교사가 겪는 스트레스와 고립감을 관리하는 데 도움이 되는 역량을 강화해야 한다. 또한, 리더는 자신의 개인적인 혹은 업무상 보여지는 행동이 학교 구성원들에게 뚜렷한 메시지를 전달한다는 사실을 알아야 한다. 이러한 메시지는 신뢰를 쌓는 데 도움이 될 수도 있고 신뢰를 무너뜨릴 수도 있다. 교사가 학교 및 구성원 간 연대와 소속감을 느끼지 못한다면 가르치는 일은 빙산의 아래에(below the tip of the iceberg)서 분투하는 외로운 경험이 될 수 있다.

학교에는 협업 구조와 교사 지원체계를 구축할 수 있는 기회가 많다. 교사들은 교실에서, 더 넓게는 학교의 문제, 도전, 혁신에 대해 논의할 수 있는 시간과 공간을 제공받음으로서, 복잡한 교육 문제를 공동으로 협력하여 해결할 수 있게 되었다. 또한, 교사 리더십은 교실 안, 교실 사이, 교실 밖으로 영향력의 범위를 넓히고자 하는 교사에게 목소리와 주도성을 보장해 준다.

마지막으로, 그리고 아마도 가장 중요한 것은, 학교 리더는 교사가 소속감과 권한 부여(empowerment)를 많이 경험할 수 있도록 지원해야 한다. 이런 경험은 학교 일과 전이나 후 또는 쉬는 시간 몇 분 동안에 생겨나는 것이 아니기 때문에, 체계적인 지원이 요구된다.

● 실천 이끌기: 학교문화 혁신을 위한 실천 ●

• 학교의 지원 체계와 협업 구조 분석하기
 − 우리 학교에서 교사의 웰빙을 증진하고, 그들의 전문적인 협업을 지속하게 하는 소통의 기회들이 있다면 나열해 보자.

• 학교문화 혁신에 필요한 절차 개발하기
 − 교사들이 서로 연결되고, 참여하고, 지원할 수 있도록 권한을 부여(empower)하는 절차를 개발해 보자(혹은 기존의 절차를 검토해 보자).

- 협업 구조 검토를 위한 전략 실행하기
  - 전문적 협업을 지속하기 위해 필요한 구조가 무엇인지 교원들과 논의해 보자.

읽기자료

DeWitt, P. M.(2017). *Collaborative leadership: Six influences that matter most*. Corwin Press and Learning Forward.

Murphy, J. F., & Louis, K. S.(2018). *Positive School leadership: Building capacity and strengthening relationship*. Teachers College Press.

Ozenc, K., & Haga, M.(2019). *Rituals for work: 50 ways to create engagement, shared purpose, and a culture that can adapt to change*. Wiley.

참고문헌

Allen, J.(2009). *A sense of belonging: Sustaining and retaining new teachers*. Stenhouse Publishers.

Baumeister, R. F., & Leary, M. R.(1995). The need to belong: Desire for interpersonal attachments as a fundamental human motivation. *Psychological Bullentin, 117*(3), 497-529. https://psycnet.apa.org/buy/1995-29052-001

Bjorklund, P., Jr., Daly, A. J., Ambrose, R., & van Es, A.(2020). Connections and capacity: An exploration of preservice teachers' sense of belonging, social networks, and self-efficacy in three teacher education programs. *AERA Open, 6*(1), 1-14. https://doi.org/10.1177/2332858420901496

DuFour, R., & Eaker, R.(1998). *Professional learning communities at work: Best practices for enhancing student achievement*. Solution Tree Press.

DuFour, R., Eaker, R., & DuFour, R. (Eds.). (2005). *On common ground: The power of professional learning communities*. Solution

Tree Press.

Flinders, D. J. (1988). Teacher isolation and the new reform. *Journal of Curriculum and Supervision, 4*(1), 17-29. https://eric.ed. gov/?id=EJ378724

Freidus, H., Baker, C., Feldman, S., Hirsch, J., Stern, L., Sayres, B., Sgouros, C., & Wiles-Kettenmann, M. (2009). Insights into self-guided professional development: Teachers and teacher educators working together. *Studying Teacher Education, 5*(2), 183-194. https://doi.org/10.1080/17425960903306948

Goldrick, L. (2016). Support from the start. *New Teacher Center*. https:// newteachercenter.org/wp-content/upload s/sites/3/2016Complete ReportStatePolicies.pdf

Gonser, S. (2021). Building a culture that respects teachers and reduces stress. *Edutopia*. www.edutopia.org/article/ building-culture-respects-teachers-and-reduces-stress

Greenberg, M. T., Brown, J. L., & Abenavoli, R. M. (2016). *Teacher stress and health. Effects on teachers*, students, and schools. Edna Bennett ierce Prevention Research Center, Pennsylvania State University and Robert Wood Johnson Foundation.

Hudson, P. (2012). How can schools support beginning teachers? A call for timely induction and mentoring for effective teaching. *Australian Journal of Teacher Education, 37*(7), 71-82. http://doi.org/10.14221/ ajte.2012v37n7.1

Huppert, M. (2017). Employees share what gives them a sense of belonging at work. *Linkedin Talent Blog*. https://business.linkedin. com/talent-solutions/blog/company-culture/2017/employees-share-what-gives-them-a-sense-of-belonging-at-work

Katzenmeyer, M., & Moller, G. (2009). *Awakening the sleeping giant: Helping teachers develop as leaders* (3rd ed.). Corwin.

Kelly, K. M. (2001). Individual differences in reactions to rejection. In M. R. Leary (Ed.), *Interpersonal rejection* (pp. 291-315). Oxford University Press.

Lambert, N. M., Stillman, T. F., Hicks, J. A., Kamble, S., Baumeister, R. F., & Fincham, F. D. (2013). To belong is to matter: Sense of belonging enhances meaning in life. *Personality and Social Psychology Bulletin, 39*(11), 1418-1427. https://doi.org/10.1177/0146167213499186

Leo, U. (2015). Professional norms guiding school principals' pedagogical leadership. *International Journal of Educational Management, 29*(4), 461-476. https://doi.org/10.1108/IJEM-08-2014-0121

Leonard, L. J. (2002). Schools as professional communities: Addressing the collaborative challenge. *International Electronic Journal for Leadership in Learning, 6*(17), 1-13. https://journals.library.ualberta.ca/iejll/index.php/iejll/article/view/447/109

Lortie, D. C. (1975). *Schoolteacher: A sociological study.* University of Chicago Press.

Maslow, A. H. (1943). A theory of human motivation. *Psychological Review, 50*(4), 370-396. http://doi.org/10.1037/h0054346

McClelland, D. C. (1990). *Human motivation.* Cambridge University Press.

McLeod, S. (2020). Maslow's hierarchy of needs. *SimplyPsychology.* www.simplypsychology.org/maslow.html

Mitchell, C., & Sackney, L. (2000). *Profound improvement: Building capacity for a learning community.* Swets & Zeitlinger.

Noddings, N. (1984). *Caring.* University of California Press.

Noddings, N. (1996). The caring professional. In S. Gordon, P. Benner, & N. Noddings (Eds.), *Caregiving: Readings in knowledge,* practice, ethics, and politics (pp. 160-172). University of Pennsylvania Press.

Noddings, N. (2002). *Educating moral people: A caring alternative to character education.* Teachers College Press.

Noddings, N. (2006). Educational leaders as caring teachers. *School Leadership and Management, 26*(4), 339-345. https://doi.org/10.1080/ 13632430600886848

Ofgang, E. (2021). SEL for educators: 4 best practices. *Tech & Learning.* www.techlearning.com/how -to/sel-for-educators-4-best-practices

Pirtle, S. S., & Tobia, E. (2014). Implementing effective professional learning communities. *SEDL Insights, 2*(3), 1-8. www.sedl.org

Rufo-Tepper, R. (2014). There's no I in teacher: 8 tips for collaborative planning. *Edutopia.* www.edutopia.org/blog/rules-of-thumb-collaborative-planning-rebecca-rufo-tepper

Shafer, L. (2018). Building a strong school culture. *Harvard Graduate School of Education.* www. gse.harvard.edu/news/uk/18/09/ building-strong-sc hool-culture

Skaalvik, E. M., & Skaalvik, S. (2007). Dimensions of teacher self-efficacy and relations with strain factors, perceived collective teacher efficacy, and teacher burnout. *Journal of Educational Psychology, 99*(3), 611-625. https://doi.org/10.1037/0022-0663.99.3.611

Skaalvik, E. M., & Skaalvik, S. (2016). Teacher stress and teacher self-efficacy as predictors of engagement, emotional exhaustion, and motivation to leave the teaching profession. *Creative Education, 7*(13), 1785-1799.https://doi.org/10.4236/ce.2016.713182

Steiner, E. D., & Woo, A. (2021). Job-related stress threatens the teacher supply. *RAND Corporation.* https://doi.org/10.7249/RRA1108-1

Transforming Education. (2020). *SEL for educators toolkit*. https://
transformingeducation.org/resources/sel-for-educators-toolkit/
Retrieved July 27, 2021

Webb, D. (2018). Surrounded by kids, but still alone. *WeAreTeachers*.
www.weareteachers.com/loneliness -of-teaching/

Zepeda, S. J. (2015). *Job-embedded professional development: Support,
collaboration, and learning in schools*. Routledge.

Zepeda, S. J. (2017). *Instructional supervision: Applying tools and
concepts* (4th ed.). Routledge.

Zepeda, S. J. (Ed.). (2018). *The Job-embedded nature of coaching:
Lessons and insights for school leaders at all levels*. Rowman &
Littlefield.

Zepeda, S. J., & Lanoue, P. D. (2021). *A leadership guide to navigating
the unknown in education: New narratives amid COVID-19*.
Routledge.

Zepeda, S. J., Mayers, R. S., & Benson, B. N. (2003). *The call to teacher
leadership*. Routledge.

제 5 장

사람과 조직을 성장시키는 전문적 학습문화

1. 학교문화 살펴보기

일부 학구(學區)에서는 지역사회의 성장에 따라 빠르게 새로운 학교들이 설립되고 있다. 신설 학교들의 개교를 준비하면서, 학구의 최우선 과제는 모든 학교에 전문적 학습문화(Professional Learning Culture: PLC)를 구축하는 것이다. 교사 협업을 토대로, 교수법에 대한 비판적인 대화를 할 수 있고, 직무 내재적(job-embeded) 전문적 학습활동의 참여가 가능하도록 구조와 절차를 개발하였다.

가을에 한 중학교가 개교하면서, 새로 전입해 온 교사들이 오랜 시간에 걸쳐 이 학구에서 구축한 협업 시스템을 수용하고 이해하도록 하는 것이 최우선 과제였다. 교장은 몇 년 동안 이 학구에 근무해 왔으며, 교직원과 면담하는 동안 이것에 대하여 적극적으로 설명하였다. 이 학구에서는 가을 개학을 준비하기 위해 모든 교직원이 여름 동안 일할 수 있도록 한 달의 예산을 추가로 지원하였다.

교장에게 주어진 첫 번째 과제는 리더들과 교사들이 한 팀으로서 함께 일하는 협업 구조를 조성하는 것이다. 교장은 첫 교직원 회의를 준비하며, 학습하는 학교문화 협업 문화를 발전시킬 수 있다는 의지를 이어가기 위해서는 명확한 메시지와 활동이 중요하다는 것을 깨달았다. 이는 면담 과정에서 나타난 의견과 맥락을 같이한다.

한 달 동안의 명확한 메시지와 활동으로 소통과 전문적 학습문화의 성장과 발전을 만들어 내는 협업 문화를 어떻게 발전시켰는지 확인할 수 있었다.

2. 들어가며

학교의 전문적 학습문화는 교사들이 전문적으로 성장하고 발전하기 위해 상호작용하는 과정에서 형성되는 신념, 가치관, 습관에서 비롯된다. 교사의 전문성을 신장시킬 수 있는 문화를 만드는 것은 교수법 개선을 위한 최우선 과제이다. "학생들이 21세기 진학과 진로에 대비하여 복잡한 역량을 함양할 수 있도록 지원하기 위해 교사의 전문적 학습에 대한 관심이 높아지고 있다"(Darling-Hammond et al., 2017, p. V). 학생들에게는 교수활동의 복잡성을 명확하게 파악하고 탐색할 수 있는 교사가 필요하다(Sutton & Shouse, 2016).

전문적 학습은 교사와 리더의 효과성을 향상시키는 데 핵심적인 역할을 해 왔지만, 항상 실천으로 이어지지는 않았다(Calvert, 2016; Zepeda, 2019a). 전문적 학습에의 참여 문화를 조성하려면 리더들은 교사들이 수업 전문성을 신장하기 위한 소통과 실천을 통해 직무 내재적 학습에 참여하는 방향으로 지원해야 한다. 이 장에서는 협업과 전문적 학습에 대하여 살펴보고자 한다.

3. 협업

교사는 다른 교사들과 협업할 수 있는 기회가 주어졌을 때 최선을 다한다. 협업하는 교사가 더 효과적이며, 학생들의 학습 경험을 향상시킨다(Gates, 2018). 그러나 여전히 교사가 혼자 고립되어 일하는 학교문화가 존재한다. 리더가 협업에 기반한 문화를 조성하려면, 교수법을 개선하는 데 필요한 상호작용을 촉진하는 전문적인 절차의 전략적 설계, 구현 및 모니터링이 요구된다.

1) 협업 명확히 하기

긍정적인 학교문화는 변화를 이끌어 낼 수 있는 교사의 목소리와 주도성을 바탕으로 구축된다(제1장 참조). 성인의 경우, 협업 구조가 구축되어(제4장 참조) 있고, 협업하는 교사를 지원하는 제도가 있을 때, 학습은 향상된다. 신뢰의 규범(제3장 참조)은 교사들이 자신의 수업에 대해 깊이 있는 대화를 나누고, 교육과정과 평가를 개발하고, 데이터 기반의 의사 결정 방식에 영향을 미치는 협업 패턴에 영향을 미친다.

협업이란 개념은 무척 중요하나, '남용(overused)되고', '과장(overhyped)되었다'고 인식할 정도로 지금까지 함부로 사용되어 왔다(ThoughtFarmer, 2021, para. 3). 제4장에서는 협업이 전개되는 구조에 대해 살펴보았고, 이 장에서는 이러한 구조 이면에서 협업이 어떻게 나타나는지 좀 더 구체적으로 살펴보고자 한다. 협업은 교사들이 학생의 성취와 교실 수업 개선을 위해, 직무 내재적 전문적 학습을 통해 함께 배우며 일하는 것이다. 학교에서 최상의 협업은 관계에 기반한 신뢰와 배려가 있을 때 가능하다.

학교에서의 협업은 다양한 방식으로 전개될 수 있으나, 미국 교사 패널을 대상으로 한 조사 결과(Johnston & Tsai, 2018, p. 1)에 따르면 '교사의 31%만이 다른 교사와 협업할 시간이 충분하다.'고 응답하였다. 협업은 중요하며, 협업을 위한 시간 또한 충분히 확보되어야 한다.

여러 연구 결과, 협업은 다음과 같은 이점을 제공한다.

- 학생의 학습에 긍정적인 영향을 미친다.
- 교사의 전문성 개발을 지원한다.
- 학생에 대한 책임감을 고취한다.
- 학교문화에 의해 형성되고 영향을 받는다.
- 교사의 자기효능감을 높인다.
- 성과를 도출하여 교사 이탈률을 방지한다.
- 협업은 교장의 리더십으로 인해 생겨나며, 그것을 토대로 학습 공동체가 형성된다.

(Darling-Hammond et al., 2017; Goddard et al., 2007;

Goddard et al., 2010; Hargreaves, 2019; Johnston & Tsai, 2018;

Mora-Ruano et al., 2019; Pugach et al., 2009; Ronfeldt et al., 2015)

협업은 리더와 교사가 "다른 사람들과 함께 일함으로써 창의력이 향상되고, 성찰할 수 있는 역량이 함양되고, 타인 존중이 높아지고, 팀 성과를 격려하게 되고, 자기효능감이 신장될 수 있는(Morel, 2014, p. 37)" 학습문화를 조성하는 데 달려 있다.

2) 협력적 학습문화 이끌기

학교 리더와 교사의 마음가짐은 끊임없이 변화하는 학습 환경 속에서도 협업과 공생의 문화를 학교에 조성하는 데 있어 가장 핵심적인 역할을 한다. 모든 학생을 교육하는 것은 혼자만의 힘으로는 가능하지 않다. 교사와 리더의 신뢰로 만들어질 수 있는 협업 문화를 구축하고 발전시키는 것은 학교의 최우선 과제이자 필수 요건이다.

협업할 수 있는 학습문화를 조성하는 데 있어, 학교 리더의 교사 지원 방식은 무척 중요하다. 협업 문화 구축을 위한 중요한 과제 중 하나는 교사들에게 협업할 수 있는 충분한 시간을 제공하는 것이나, 이것만으로는 충분하지 않다. 협업 문화는 리더가 의사 결정 과정에 교사를 참여시키고, 교사를 지원하고, 교사 임파워먼트(empowerment)에 의해 만들어진다. 학교 리더들은 공동 리더십을 실천하며 모범을 보일 수 있어야 한다.

학교 리더들이 자신의 리더십에 대한 자기 성찰 과정에서 〈표 5-1〉에 제시된 주요 질문들을 자신에게 던짐으로써 협업에 대한 관점을 확인할 수 있다.

리더십이 학교문화에 미치는 영향은 막대하다. 리더의 행동과 태도가 그들이 추구하는 학교문화의 속성과 일치하지 않는다면, 긍정적인 학교문화를 구축하는 데 많은 어려움이 있을 것이다.

〈표 5-1〉 **공유 리더십(shared leadership)에 대한 자기 성찰**

리더십 속성	핵심 성찰 질문
협력적 의사 결정	나는 단지 결정만 하면 되는가? **아니면,** 나는 팀이 결정을 내리는 데 중요한 정보를 제공하고 지원하는가?
문제 해결 능력	나는 중요한 문제를 다른 사람에게 위임하고 책임을 지게 하는가? **아니면,** 나는 다른 사람들을 문제를 해결하고 해결책의 성공을 위해 주인의식을 갖도록 하는가?
새로운 아이디어	내 생각을 바탕으로 새로운 아이디어가 수용되고 탐구되는가? **아니면,** 누가 제시한 것인가에 상관없이 새로운 아이디어가 수용되고 탐구되는가?

전문적 학습	나는 모든 사람이 전문성을 갖추고 예상되는 작업을 완수할 수 있어야 한다고 생각하는가? **아니면,** 나는 새로운 역량 개발을 위해 나 자신과 타인의 지식을 평가하는가?
갈등 관리	나는 사람들이 내 의견에 동의하지 않고 비난을 하면 좌절하는가? **아니면,** 나는 갈등을 여러 관점에서 사람들을 하나로 모을 수 있는 기회로 보는가?

출처: O'Neil (2018).

학교 리더는 자신의 신념과 행동이 일치하는지 확인해야 한다. 리더의 신념이 행동으로 이어지지 않을 때, 교사들은 리더의 일관성 없음을 확인하게 된다. 긍정적인 문화를 구축하기 위해 리더는 배려와 같은 모범을 보여야 한다(제3장 참조). 즉, 학교 리더는 교사가 의사 결정 과정에 자신의 목소리를 내고, 주도성에 대한 자신감을 가질 수 있도록 힘을 실어 주어야 한다(제1장 참조). 리더가 협업의 모범을 보이는 것은 모든 교사의 협업이 학생들을 변화시킬 수 있다는 강력한 메시지를 주는 것과 같다. 협업 문화는 올바른 업무를 보장해야 하는 리더의 책임과 좋은 수업에 대한 결정을 내리는 교사의 자율성과 시스템의 일관성 사이의 독특한 균형을 반영한다.

신뢰 구축과 관계 형성은 협업 문화를 발전시키는 데 기본 토대가 된다. 이런 과정은 교사가 학생들과 복잡한 활동을 하며 문제를 해결할 수 있다는 자신감을 키우며 완성된다. 교사들은 협업 과정에서 자신의 부족한 점을 드러내며 질문을 하거나 동료의 지원을 받거나 노력의 결과를 공유한다. 그들에게는 수업 혁신 사례를 실천할 수 있는 지원과 격려가 필요하다. 학교 리더들이 수업 혁신을 장려하고, 교사에게 서로 교류할 수 있는 안전망이 제공될 때 협업이 이루어질 수 있다.

협업은 맥락에 따라 다르며, 학교, 시스템, 지역사회의 다양한 특성을 고려하여 그 미묘한 차이를 받아들여야 한다. 이 장에서의 모든 제안은 학생, 교사, 리더의 지속적인 학습을 초점으로 한 학습문화 구축을 목적으로 한다.

3) 협력적 학습문화 조성하기

겉으로 보기에는 교사들의 협업이 학교마다 보편적으로 이루어지고 있는 것처럼 보일 수 있지만, 실제로는 협업의 기회, 협업 활동의 빈도, 교사에게 미치는 가치에 따라 큰 차이가 있다(Johnston & Tsai, 2018). 또한 협업의 힘에 대한 신념과 협업의 실천 또는 신념을 변화시키는 협업의 실천 중 무엇이 먼저인지에 대해서는 여러 입장이 있을 수 있으나, 현실적으로는 둘 다 중요하다. 리더는 자신과 학교에 가장 적합한 맥락에서 학습문화를 구축 · 발전시켜야 한다.

학습문화 구축은 시간이 소요되며, 적극적인 노력이 필요하다. 또한 학습문화를 구축하는 데 있어 학교 리더들이 다음을 수행하는 것은 무척 중요하다.

1. 효과적인 협업 절차를 최우선 과제로 삼는다.
2. 학교의 사명, 비전, 신념의 맥락에서 협업이 갖는 힘, 효과에 명확히 설명한다.
3. 현재와 앞으로의 협업 방식을 토론할 수 있는 기회를 제공한다.
4. 교사들이 서로 교류할 수 있는 시간을 계획하여 확보한다.
5. 효율적인 교사 지원을 위해 근무 시간에 전문적 학습을 진행

한다.

6. 교사들이 협업하는 방식에 있어 융통성 있고 창의적으로 움직일 수 있게 해야 한다.
7. 협업을 촉진하는 데 필요한 규범을 수립하도록 독려한다.

협업 문화를 발전시키는 것은 무작위적인 과정이 아니며, 항상 유기적이지도 않으며, 서서히 상향식으로 진행되는 과정이다. 리더는 협업과 협업 설계의 중요성을 제시하는 조건과 교사의 업무를 지원하는 방법 등을 마련함으로써 리더로서 중요한 역할을 한다.

프순데르(Psunder, 2009)에 따르면 "학교에서 협업 문화를 구축하려면, 먼저 상호 협력의 중요성과 필요성에 대해 인식해야 한다(p. 2)"고 강조하였다. 오랜 세월 동안 교사들이 고립된 채로 일해 온 것을 바꾸기 위해서는, 리더가 학교에서의 협력의 현재 상황과 역사를 이해하고 있어야 한다. 이 역사는 변화 리더십과 학교문화를 이해하는 데 필요한 관점을 갖는 데 중요한 역할을 한다(제3장 참조).

협업은 신뢰와 기타 다른 규범을 바탕으로 이루어지기 때문에, 협업 문화를 조성하는 과정에서 발생할 수 있는 갈등을 살펴볼 필요가 있다(제3장 참조). 갈등은 개인 정보 보호와 같은 확고한 규범과 구조가 불신, 방어성, 비밀주의에서 비롯된 행동에 내재된 독립적인 사고방식과 개인의 힘겨루기에 의해 도전을 받고 더 어려워질 때 발생한다(Stanhope, 2020). 리더는 문화와 규범이 시간이 지남에 따라 변한다는 것을 이해해야 한다. 이런 변화는 단기간에 이루어질 수 있는 것이 아니다.

긍정적인 학교문화를 조성하는 것은 위에서 아래로 명령하는 방식으로는 달성할 수 없다. 리더는 교사들에게 주인의식을 심어 주고 협업의 중요성을 모범적으로 보여 줌으로써 교실에서 효과적인 수업이 이루어질 수 있도록 지원해야 한다. 리더는 주인의식과 자부심을 갖고 발전할 수 있는 여건을 조성할 책임이 있다. 그러나 교장은 단순히 팀을 구성하는 것만으로는 협업의 힘을 활용할 수 없기에, 교장은 목표를 명확히 하고, 할 수 있는 범위에서 필요한 지원이 제공되도록 해야 한다(DuFour, 2006).

협업의 핵심은 교사들이 수업을 평가하는 대화에 참여하여 학생들의 다양한 요구를 반영한 새로운 수업을 시도하는 것이다. 교사들에게 전문적인 교류의 기회를 제공하는 것은 시기적절하고, 지속적이며, 개별 교사의 요구가 반영된 전문적 학습에 참여할 수 있을 뿐만 아니라, 협력적 노력에 기반한 문화로 발전할 수 있게 한다.

● 문화 이끌기: 학교문화 이해를 위한 성찰 ●

- 협업 문화 이해하기
  - 교사 협업이란 학생의 학업성취 향상, 수업 개선, 전문적 학습 기회 제공을 위해 함께 일하는 것을 말한다.
  - 리더가 교사에게 권한을 부여하여 수업에 대한 결정을 내릴 수 있도록 지원해야 협업 문화가 조성될 수 있다.
  - 리더는 협업이 교사의 업무를 어떻게 지원하는지 협업의 중요성을 알려야 한다.

- 협업 문화의 힘 활용하기
  - 학교 리더는 양질의 교사 협업을 위한 시간을 어떻게 확보할 수 있는가?
  - 교사들이 협업 시 취약할 수 있는 신뢰 관계를 쌓을 수 있는 방법이 무엇이 있는가?
  - 교사의 개인주의와 고립 성향에 적극적이고 전략적으로 대처하여 신뢰 관계를 쌓기 위해 리더가 활용할 수 있는 전략은 무엇인가?

4. 전문적 학습

이 책 전반에서 교사들이 학교문화를 만들어 나가는 데 가장 필요한 것이 교사 목소리와 주도성임을 강조한다(제1장 참조). 주도성의 핵심은 전문성 개발의 핵심 요소인 능동적인 의사 결정이다(Calvert, 2016; Zepeda, 2019a, 2019b). 교사는 경력을 쌓아 가면서 배우고 성장하기를 원하며, 자신의 노력이 학생과 자신 그리고 동료의 학습 증진으로 이어지기를 바란다(Zepeda, 2019b). 앞의 제4장에서는 교사를 위한 프로그램 구성에 대해 살펴보았다. 이 책의 제5장에서는 교사의 협업을 지원하는 구조 안에서 어떤 일이 일어나는지 살펴보고자 한다.

교사는 협업이 규범이 되는 환경에서 성장하고 번창한다. 교사가 자신의 전문적 성장을 계획할 수 있는 권한을 부여받으면, 교사들은 동료와 협업하면서 학습을 하게 된다. 교육기관에서는 전문적 학습을 위해 많은 예산을 투입하고 있다. 따라서 전문적 학습이 교수학습의 개선에 도움을 준다면, 이 비용은 가치 있는 지출일 것이다.

1) 전문적 학습 분석하기

긍정적인 학교문화를 형성하고 유지하기 위한 동력으로 전문적 학습을 활용하고자 한다면, 학교의 리더와 교사들은 성인 학습의 기제 요인인 규범, 가치, 집단적 효능감을 느낄 수 있는 환경을 만들려는 적극적인 노력이 필요하다. 교사의 학습은 지극히 개인적인 노력이나, "교사와 학교 리더는 자신의 전문적 학습뿐만 아니라, 다른 교

사의 학습에 대해서도 책임을 공유한다(Jensen et al., 2016)." 연구 결
과에서도 확인할 수 있듯이, 매우 효과적인 전문적 학습은 협업의
과정임이 분명하다. 달링 해먼드(Darling-Hammond et al., 2017)은
40년간의 연구를 집대성하여, 〈표 5-2〉에 제시한 바와 같이 전문성
개발에 대한 가장 두드러진 특징을 도출하였다.

전문성 개발에서 가장 중요한 점은 일관성(coherence)이다. 일관
성은 교사가 효과적인 수업을 준비하는 과정에 여럿이 함께 참여하

〈표 5-2〉 **효과적인 전문적 학습의 특징**

특징	내용
분야별 내용에 명시적으로 맞춤	효과적인 전문성 개발은 맥락에 따라 다르고, 내용에 중점을 두고 있으며, 교육 현실에 내재된 직무 중심으로 이루어짐.
능동적 학습 전략의 적용	교사에게 협업, 코칭, 피드백, 성찰과 모델링과 같은 참여를 촉진하는 학습 경험을 제공하여 전문성 개발을 위한 교사의 학습을 지원함.
전문가 간의 협업 장려	현장에서는 동료들과 함께, 학교 밖에서는 전문가들과 함께 학습할 수 있는 기회가 균형을 이루고 있음.
효과적인 수업 모델링	강력한 전문성 개발에는 효과적인 수업 모델링과 적용이 포함됨. 전문적 학습의 일부로 모델링을 포함시킴으로써 교사는 효과적인 수업이 실제로 어떻게 구현되는지 더 깊이 이해함.
다양한 전문가 지원과 코칭	전문성 개발은 코칭 및 기타 지원 구조를 통해 강화됨. 이런 유형의 지원은 교사들이 기존 수업을 개선하고 새로운 교수법을 적용할 때 지침을 제공함.
피드백과 성찰	학습은 피드백과 성찰의 기회를 통해 향상됨. 교사는 수업의 정교화를 위해 필요한 수업과 교사는 수업에 대한 이해도를 높이고 개선을 위해 필요한 변화를 파악할 수 있음.
지속시간과 강도	'여기저기서' 제공되는 '일회성' 전문성 개발은 효과적이지 않음. 효과적인 전문적 학습은 지속적이며, 교사에게 성인 학습을 지원하는 다양한 양식을 통해 학습할 수 있는 여러 기회를 제공함.

출처: Darling-Hammond et al. (2017) 재구성

여 지식과 신념을 다룰 수 있는 다양한 기회를 창출함으로써 개발된
다(Desimone, 2009, 2011; Desimone & Garet, 2015).

일관성을 실현하기 위해 전문적 학습은 "수업 혁신을 위해 노
력하는 교사들 간의 지속적인 전문적 의사소통을 지원해야 한다"
(Desimone, 2011, p. 65). 즉, 모든 사람이 전문적 학습의 내용 및 목
적과 관련된 전략과 절차 개발을 위해 함께 노력한다는 것이다. 직
무 내재적(job-embeded) 전문적 학습이라고 하는 교사의 성장은 일
상적인 교수활동에 자리 잡을 때 더욱 확실해진다.

2) 직무 내재적 전문적 학습에 집중하기

직무 내재적(job-embeded) 전문적 학습은 교직에 있을 때 협력,
공동의 문제 제기와 문제해결을 지원한다(Zepeda, 2019b). 또한 직
무 내재적 전문적 학습의 기본적인 구성은 자기효능감(Derrington &
Angelle, 2013), 교사 주도성(Calvert, 2016), 협업(Darling-Hammond
& Richardson, 2009)을 촉진한다. 이러한 기본 구성 요소는 기능적으
로 긍정적인 학교문화를 지원하는 통합 요소로 [그림 1-1]에 제시되
어 있다.

칼버트(Calvert, 2016)는 교사가 개인화된 전문성 개발을 필요로
하고 원하며, "교사는 자율성과 숙달을 위해 존재한다. 그들은 자신
의 기술을 습득하고 자유롭게 혁신하기를 원한다"(p. 14)고 확신한
다. 교사가 창의력을 발휘하고 숙달할 수 있는 기회를 만들려면 전
문적 학습이 일상 업무에 내재되어 있어야 한다. 직무 내재적 학습
의 힘은 "동료들을 가르치고 상호작용하면서 현장에서 배운 것을 통
해 수업 혁신으로 이어진다는 점"(Zepeda, 2015, p. 54)이다. 학습은

다음과 같은 경우에 내재화된다.

- 성인 학습자와 관련 – 성인 학습자는 학습에서 가치를 도출하고자 하며, 직무 내재적 학습은 고도로 개별화되어 있다.
- 절차의 일부로 피드백 포함 – 직무 내재적 학습에는 팀 회의 또는 수업 참관 후 동료 코칭과 같은 기본 절차로 피드백과 협업 지원이 포함된다. 피드백은 교실의 특정 측면에 초점을 맞춘다.
- 탐구 및 성찰 지원 – 직무 내재적 학습은 동료와 함께 개인 또는 집단 수준에서 수업에 대해 보다 비판적이고 성찰적으로 사고하도록 장려한다.
- 새로운 기술(new skills)을 수업으로 촉진 – 직무 내재적 학습은 기술을 수업에 적용하는 데 집중할 수 있도록 지속적인 지원을 제공한다.
- 협업 촉진 – 교사들이 협업을 통해 서로 공유하고, 토론에 참여하고, 자신의 경험을 성찰한다.
- 가상 공간에서의 학습 상황 설정 – 디지털 학습 환경, 플랫 폼 및 애플리케이션의 등장으로 전 세계가 광대역으로 연결 되면서 교사들은 Skype, Twitter 또는 Zoom 등을 통해 소통할 수 있다. 학교 현장과 그 너머에서 동료들과 협업할 수 있는 무한한 도구가 있다.

(Zepeda, 2015, pp. 35-38)

최근 코로나19와 현재 델타 변종(제7장 참조)으로 인해 학생들을 위한 온라인 학습으로 전환하면서 가상 학습 공간은 교사들에게 표준이 되었다.

문화는 교사의 성장과 개발을 지원하기 위해 제공되는 전문적 학습의 유형으로 표시된다. 직무 내재적 전문적 학습은 수업 혁신을 위한 책임감을 길러 주는 장기적인 전략이라는 점을 이해하는 것이 중요하다(Hargreaves & O'Connor, 2017; de Jong et al., 2019). 단기적인 해결책을 전제로 한 접근 방식은 교사와 학생에게 도움이 되지 않을 뿐만 아니라, 긍정적인 학교문화를 구축하려는 노력 또한 지속되기 어렵다.

긍정적인 학교문화에서 협력적인 실천은 교사 성장의 주축이 되며, 이는 이러한 실천이 개인의 역량 강화를 넘어 사회적 자본을 구축하는 데 도움이 된다(제6장 참조).

3) 서로 돕는 협업 장려하기

학교가 협력적인 교육 장소로 변화하면서 교사들이 서로에게서 배울 수 있는 기회들이 생겨났다. 신규 교사가 경력 교사와 교류하며 그들의 수업을 배우거나, 경력 교사가 신규 교사로부터 새로운 관점을 얻는 등 전반적인 상호작용과 사회적 연결은 모두에게 도움이 된다. 리더들은 협력적인 실천을 모델링하고, 교사들이 상호작용하는 방식의 규범을 개발하고, 학생들의 성취도 향상에 필요한 수업 사례를 풀어내는 대화에 참여하기 위한 위험 감수를 장려하며 중요한 역할을 한다.

교사의 업무에 협력적인 실천이 내재화되려면 구조가 마련되어야 한다(제4장 참조). 직무 내재적 학습 원리를 기반으로 구축된 모형에는 실행 연구, 동료 코칭, 수업 연구 등이 있다. 이러한 모형은 이 책에서 다루지 않지만 모두 협업 과정이 포함되어 있다.

우선, 교사들은 협업 과정에 참여할 수 있는 시간과 공간이 필요하며, 리더들은 그 시간을 일과 중에 확보할 수 있도록 해야 한다. 다음으로, 이런 협업 과정은 여러 가지 면에서 같은 점들이 있다. 예를 들어, 한 교사가 동료를 관찰한 후에 수업에 대한 논의를 위해 모인다. 대화 중에, 수업을 한 교사는 발화 패턴에 대해 성찰하고, 동료 교사는 발화 패턴뿐만 아니라 상위 및 하위 질문을 할 때 학생 반응의 차이를 이해할 수 있도록 개방형 질문을 한다. 그런 다음, 동료 교사는 학생들로부터 여러 수준의 반응을 이끌어 낼 수 있는 다양한 질문들을 모델링한다.

이렇게 동료 코칭은 수업 혁신을 위해 함께 노력하는 두 동료 교사의 사회적 활동(work)이다. 이 예는 대화 속에 두 교사가 관찰한 것을 바탕으로 교실 수업을 이해하기 위해 노력하는 성찰적 질문과 모델링이 대화에 내재되어 있음을 보여 준다. 또한 교사가 이러한 유형의 협업을 실행하기 위해서는 코칭 방법, 성찰을 촉진하는 대화 방법 등 개발해야 할 기술(skill)들이 있다. 마지막으로, 이 사례는 개인의 기술(skill)만으로는 교사의 성장을 지원할 수 없기에, 관계와 신뢰 구축의 중요성을 강조한다. 동료 코칭, 성찰, 실천에 대한 확장된 대화는 협력적인 전문적 학습 과정의 토대이다.

동료 코칭(Peer Coaching). 코칭과 동료 관찰은 여러 가지 형태로 구성될 수 있고, 다양한 형식으로 전개될 수 있다. 일부 시스템에는 문해력이나 수학에 집중하는 교육 코치가 있으며, 이러한 코치는 학군 내 학교에 배정된다. 일부 학교에는 교사와 학생의 수학 또는 문해력을 지원하기 위해 건물에 전임 코치가 있다. 일부 학교에서는 교사가 동료 코칭에 참여하여 팀원들과 함께 서로의 수업을 관찰하고 수업 사례를 모델링하는 방식으로 원활하게 협력한다. 학교 내

멘토링 프로그램을 통해 경력 교사가 수업 관찰을 통해 신규 교사의
수업 전문성 개발을 지원한다. 코칭의 구성은 여러 가지 방식이 있
으며, 학교의 상황과 교사의 필요에 맞게 구축해야 한다.

　구성 관계없이, 동료 코칭은 교사가 새로운 전략을 실행하고 다
른 형태의 전문성 개발의 이점을 증폭시킴으로써 교사를 지원한다
(Zepeda, 2019b). 동료 코칭은 교사 평가로 연계되지 않으며, 교사
대 교사 모델로 설계되었다. 조이스와 샤워(Joyce & Showers, 1981,
2002)의 선구적인 연구에서는 교사 지원 방법으로 모델링과 수업 관
찰에 대한 공식적인 전문적 학습의 후속 조치로 동료 코칭을 제시하
였다. 〈표 5-3〉은 전문적 학습으로서 그리고 독립적인 교사 지원모
델로서의 동료 코칭 모두를 보여 주고 있다.

　성찰(Reflection). 교사들은 자신들의 실천과 자신들이 무엇을 배

〈표 5-3〉 **동료 코칭의 적용**

전문성 개발 모델로서의 동료 코칭	독립적 모델로서의 동료 코칭
이론이 제시된다.	사전 관찰(Pre-Observation) 협의. 수업할 교사와 동료 교사인 코치는 수업 전 회의를 통해 관찰의 관점을 확인한다.
이론의 입증이 제시된다.	코치는 교사를 관찰한다.
참여자들이 새로운 기술(skills)을 연습한다.	사후(Post-Observation) 협의. 수업한 교사와 동료 교사인 코치가 만나 관찰하며 수집한 데이터에 대해 논의하며, 성장을 위한 강점과 목표를 파악하고, 다음 단계를 계획한다.
새로 배운 기술의 적용에 대한 피드백이 제공된다.	관찰을 포함한 반복된 후속 조치가 이루어진다.
교사는 코칭을 받는다.	반복된 후속 조치를 통해 교사는 이해와 숙달을 위한 코칭에 참여한다.

출처: Joyce & Showers (1981), Zepeda (2019b).

우고 있는지에 대해 성찰하면서 변화(change)를 위한 역량을 함양할 수 있다. 교사들 간의 성찰은 자신들의 교실 수업 개선 방안을 통해 서로 질문하고, 도전하고, 생각할 수 있게 해 준다. 성찰은 개인적인 수준에서 이루어질 수 있지만, 동료 교사들이 짝을 이루거나 팀을 이루어 협력적으로 질문하고 성찰할 때 엄청난 가치와 이점이 있다. 대화는 교사들이 동료들과 함께 자신의 수업 방식을 성찰하는 데 도움이 되는 특별한 기회를 제공한다.

확장된 대화(Extended Conversations). 대화는 복도나 교직원 휴게실에서 이루어지는 잡담이 아니다. 대화는 교사가 자신의 수업 방식을 성찰하고, 새로운 수업 방식을 구상하고, 수업 방식을 변경하거나 수정하기 위한 과정을 계획할 수 있도록 하는 심층적인 탐구이다. 대화는 (1) 교사가 교실 수업 개선을 위한 전문성을 개발하고, (2) 교육활동에 대해 집단적으로 성찰하고, (3) 전문적 지식과 전문성을 공유하고, (4) 토론에 참여하도록 도움을 주기에 많은 이점이 있다.

제페다(Zepeda, 2020)는 대화가 중요한 이유를 다음과 같이 제시하였다.

- 대화는 관계에 관한 것이다. 수잔 스콧(Susan Scott, 2004)은 대화는 관계이며, 따라서 교사는 고립감을 줄이는 데 도움이 되는 관계를 구축할 기회가 필요하다는 점을 일깨워 준다(제4장 참조). 대화는 관계를 형성할 뿐만 아니라 교사를 지원하기도 한다.
- 대화는 소속감을 형성한다. 교사는 자신이 팀의 일원이며, 함께 생각을 나누며 학습이 이루어진다고 믿는다. [그림 1-1]에서 볼 수 있듯이, 긍정적인 학교문화를 구축하기 위해서는 소속감

이 필요하다. 교사들은 자신이 소속감을 느낄 때, 교사는 다양한 관점과 경험, 폭넓은 지원을 수용하는 공동체의 일원으로서 협력적인 대화에 참여하고, 탐구적인 질문을 하고, 그러한 노력의 영향에 대해 성찰할 수 있는 동료들로부터 도움을 받는다.

• 대화는 학습문화를 형성한다. 배움의 문화는 교사가 더 만족하고, 더 많은 자신감을 얻고, 다른 사람들과 함께 일하는 것으로부터 가치를 이끌어 낼 수 있도록 도와준다.

다른 사람들과 협력하고 교수학습, 수업 사례, 학생평가, 개인 및 집단적 노력의 영향에 대해 오랜 시간 동안 깊고 긴 대화를 나누면 교사는 자신의 취약점, 약점, 교실에서 일어나는 일에 대한 승리의 순간을 기꺼이 드러낼 수 있다. 그렇기에 교사와 교사의 노력을 고양하는 환경 속에서 대화가 이루어져야 한다.

• 동료와의 대화는 학생과 학생의 학습에 초점을 맞춰야 한다. 교실 수업 관행과 이러한 관행이 학생의 학습에 미치는 영향에 대한 대화에서 교사는 이를 통해 배울 수 있는 위치에 있다. 학생들은 궁극적으로 교사가 수업 사례와 학습에 미치는 영향에 대해 협력적인 대화를 나누는 데 있어 수혜자가 된다. 교사와 학생은 이러한 대화의 결과로 학습한다는 점에서 이것은 보너스이다.

• 대화는 성인 학습의 원리를 수용한다. 성인은 자신의 관행을 연구하고 이러한 탐구와 대화를 통해 배운 내용을 바탕으로 새로운 지식을 구축하기를 원한다. 대화를 장려하는 문화는 성인 학습을 촉진한다.

• 대화는 성찰을 촉진한다. 성찰은 교사가 교실의 복잡성과 자신의

노력이 학생들에게 미치는 영향을 이해하는 데 도움이 된다.
- 대화는 전문성을 배양한다. 대화를 통해 교사는 지속적으로 기술을 쌓고 동료들과 공유할 수 있는 자신감을 키운다.

대화, 동료 코칭, 성찰은 교사가 성장하고 발전할 수 있는 기회를 넓혀 주는 지원 절차이다. 교사가 협력적인 방식으로 참여할 때 학교의 사회적 자본은 제6장에서 살펴본 바와 같이 집단적 역량을 증가시킨다.

● 문화 이끌기: 학교문화 이해를 위한 성찰 ●

- 학교문화와 직무 내재적 전문적 학습에 대한 이해
  - 지속적이고 전문적인 학습의 조건은 구체적이고 측정 가능하며(〈표 5-2〉 참조), 조직의 규범, 가치 및 집단적 효능감의 최전선에 있어야 한다.
  - 전략과 절차가 전문적 학습의 내용과 목적에 부합할 때 일관성이 확보된다.
  - 동료 코칭, 교사 성찰, 확장된 대화는 교사의 협력적 실천에 필수적이다.

- 직무 내재적 전문적 학습의 힘 활용하기
  - 현재 학교의 전문적 학습 실천이 전문적 학습의 주요 특징과 어떻게 일치하는가(〈표 5-2〉 참조)?
  - 교사의 전문적 학습에 대한 일관성의 정도를 어떤 방식으로 측정할 수 있는가?
  - 양질의 코칭, 성찰, 협업을 위한 시간과 공간을 창출할 수 있는 직무 내재적 · 전문적 학습의 기회를 파악하였는가?

5. 나가며: 요약

교수법은 복잡하다. 교사와 리더가 효과적인 교수법을 전달하기 위해 명확성과 일관성을 가지고 있어야 학생들은 성공할 수 있다. 전문적 학습은 좋은 의도로 시작되는 경우가 많지만, 리더는 전문 학습이 항상 교사와 학생에게 영향을 미치는 것은 아니라는 점을 인식해야 한다. 효과적인 전문적 학습은 학습과 성찰에 중점을 두고 협업적이고 업무 관련성이 있어야 한다.

한 연구에서 교사의 협업을 촉진하고, 결과적으로 교사의 목소리, 주도성, 신뢰, 성장을 강화하는 전문적 학습 요소가 있다고 밝혔다. 그 요소들은 무엇인가? 리더는 이러한 요소가 학교에서 어떻게 뚜렷하고 일관성 있게 적용되는지 파악하고 반영해야 한다. 이러한 학습은 직무와 밀접하게 관련되어 있어야 하고, 교수학습 및 학생의 성과에 부합하는 전문적인 연습/실천을 강화해야 한다. 리더는 특히 전문적 학습의 주요 요소를 동료 코칭, 성찰, 확장된 대화에 어떻게 포함시킬 수 있는지 생각해 볼 것을 권장한다.

● 실천 이끌기: 학교문화 혁신을 위한 실천 ●

• 학교의 전문적 학습 분석하기
  - 〈표 5-2〉에 나타난 전문적 학습의 중요한 특징을 설명해 보자. 이 중 어떤 요소가 학교에서 일관적으로 관찰되는지 동료 교사들과 논의해 보자.

• 긍정적인 학습문화를 지원하기 위한 절차 개발하기
 - 교사 협업이 언제, 어떻게 업무에 포함될 것인지(방과 전/후, 주말 등)에 대한 조직 규범을 수립할 수 있는 절차를 시작해 보자.

• 협력적 학습문화를 지원하는 전략 실행하기
 - 연구 기반 교사 협업 및 전문적 학습 실천의 검토 및 후속 실행의 결과로 시작될 시간, 공간 및 절차의 세부 사항을 직원에게 공개적으로 차후 실행 절차와 관련하여 시간, 공간, 과정에 대한 세부 사항을 직원들에게 공표해 보자.

📖 읽기자료

Knight, J. (2016). *Better conversations: Coaching ourselves and each other to be more credible, caring, and connected.* Corwin.

Zepeda, S. J. (2019). *Professional development: What works* (3rd ed.). Routledge.

Zepeda, S. J., Goff, L., & Steele, S. (2019). *C.R.A.F.T. conversations for teacher growth: How to build bridges and cultivate expertise.* Association of Supervision and Curriculum Development.

📖 참고문헌

Calvert, L. (2016). The power of teacher agency. *Learning Forward, 37*(2), 51-56. https://learningforward.org/wp-content/ uploads/2016/04/the- power-of-teacher-agency-april16.pdf

Darling-Hammond, L., Hyler, M. E., & Gardner, M. (2017). Effective teacher professional development. *Learning Policy Institute.* https://learningpolicyinstitute.org/sites /default/files/product-files/ Effective_Teacher_Professional_Development_REPORT.pdf

Darling-Hammond, L., & Richardson, N. (2009). Teacher learning: What matters? *Educational Leadership, 66*(5), 46-53. www.ascd.org/ publications/educational-de

de Jong, L., Meirink, J., & Admiraal, W. (2019). School-based teacher collaboration: Different learning opportunities across various contexts. *Teaching and Teacher Education, 86,* 1-12. https://doi. org/10.1016/j. tate.2019.102925

Derrington, M. L., & Angelle, P. S. (2013). Teacher leadership and collective efficacy: Connections and links. *International Journal of*

Teacher Leadership, 4(1), 1-13. www.csupomona.edu/~education/ijtl/issues.shtml.

Desimone, L. M. (2009). Improving impact studies of teachers' professional development: Toward better conceptualizations and measures. *Educational Researcher, 38*(3), 181-199. https://doi.org/10.3102%2F0 013189X08331140

Desimone, L. M. (2011). A primer on professional development. *Phi Delta Kappan, 92*(6), 68-71. https://doi.org/10.1177%2F00317217 1109200616

Desimone, L. M., & Garet, M. S. (2015). Best practices in teachers' professional development in the United States. *Psychology, Society, and Education, 7*(3), 252-263. http://ojs.ual.es/ojs/index.php/psye

DuFour, R. (2006). Collaboration is the key to unlocking potential. *The Learning Principal, 2*(3), 1-8. https://learningforward.org/wp-content/up loads/2006/11/nov06-issue-1.pdf

Gates, S. (2018). Benefits of collaboration. *National Education Association.* www.nea.org/professional-excelle nce/student-engagement/tools-tips/benefits-collaboration

Goddard, Y. L., Goddard, R. D., & Tschannen-Moran, M. (2007). A theoretical and empirical investigation of teacher collaboration for school improvement and student achievement in public elementary schools. *Teachers College Record, 109*(4), 877-896. www.tcrecord.org/Content.asp?ContentId=12871

Goddard, Y. L., Miller, R., Larsen, R., Goddard, R., Madsen, J., & Schroeder, P. (2010). Connecting principal leadership, teacher collaboration, and student achievement. A paper presented at *the Annual Meeting of the American Educational Research Association*, Denver, CO. https://files.eric.ed.gov/fulltext/ED528704. pdf

Hargreaves, A. (2019). Teacher collaboration: 30 years of research on its nature, forms, limitations and effects. *Teachers and Teaching,* *25*(5), 603-621. https://doi.org/10.1080/13540602.2019.1639499

Hargreaves, A., & O'Connor, M. T. (2017). Cultures of professional collaboration: The origins and opponents. *Journal of Professional Capital and Community, 2*(2), 74-85. https://doi.org/10.1108/JPCC-02-2017-0004

Jensen, B., Sonnemann, J., Roberts-Hull, K., & Hunter, A. (2016). *Beyond PD: Teacher professional learning in high-performing systems.* National Center on Education and the Economy.

Johnston, W. R., & Tsai, T. (2018). *The prevalence of collaboration among American teachers: National findings from the American Teacher Panel.* RAND. https://doi.org/10.7249/RR2217

Joyce, B., & Showers, B. (1981). Transfer of training: The contribution of "coaching". *Journal of Education, 163*(2), 163-172. www.jstor.org/stable/42772926

Joyce, B., & Showers, B. (2002). *Student achievement through staff development.* Association for Supervision and Curriculum Development.

Mora-Ruano, J. G., Heine, J. H., & Gebhardt, M. (2019). Does teacher collaboration improve student achievement? Analysis of the German PISA 2012 sample. *Frontiers in Education, 4,* 1-12. https://doi.org/10.3389/feduc.2019.00085

Morel, N. J. (2014). Setting the stage for collaboration: An essential skill for professional growth. *Delta Kappa Gamma Bulletin, 81*(1), 36-39. www.dkg.org/DKGMember/Publications/Journal/DKGMember/Publications/Bulletin-Journal.aspx?

O'Neil, M. (2018). *Collaborative leadership and 7 other traits strong leaders have.* Promises at Work. www.samewave.com/posts/collaborative-leadership-and-7-other-traits- strong-leaders-have

Psunder, M. (2009). Collaborative culture as a challenge of contemporary schools. *Problems of Education in the 21st Century, 14*, 84. www. scientiasocialis.lt/pec/node/files/pdf/Psunder_Vol.14.pdf

Pugach, M. C., Blanton, L. P., Correa, V. I., McLeskey, J., & Langley, L. K. (2009). *The role of collaboration in supporting the induction and retention of new special education teachers.* National Center to Inform Policy and Practice in Special Education Professional Development. http://ncipp.education. ufl.edu/files_6/NCIPP%20 Collab_ 0 10310.pdf

Ronfeldt, M., Farmer, S. O., McQueen, K., & Grissom, J. A. (2015). Teacher collaboration in instructional teams and student achievement. *American Educational Research Journal, 52*(3), 475-514. https://doi. org/10.3102/0002831215585562

Scott, S. (2004). *Fierce conversations: Achieving success at work & in life, one conversation at a time.* Berkley Publishing Group.

Stanhope, N. (2020). Conditions for collaboration-Part 1: When it's really hard. *Medium.* https://medium.com /digitalfund/conditions-for-collaboration-part-1-when- its-really-hard-ad8ef7e20187

Sutton, P. S., & Shouse, A. W. (2016). Building a culture of collaboration in schools. *Phi Delta Kappan, 97*(7), 69-73. https://doi. org/10.1177/0031721716641653

ThoughtFarmer. (2021). What collaboration really means. www. thoughtfarmer.com/blog/what-collaboratIon- really-means/

Zepeda, S. J. (2015). *Job-embedded professional development: Support, collaboration, and learning in schools.* Routledge.

Zepeda, S. J. (2019a). Job-embedded professional learning: Federal legislation and national reports as levers. In M. L. Derrington & J. Brandon(Eds.), *Differentiated teacher evaluation and professional learning: Policies and practices for promoting teacher career growth*. Palgrave Publishing.

Zepeda, S. J. (2019b). *Professional development: What works* (3rd ed.). Routledge.

Zepeda, S. J. (2020, September). Crafting conversations for teacher growth [Blog]. *The Expat Leader*. www.magzter.com

제 **6** 장

학교문화를 만드는
사회적 역학 관계

1. 학교문화 살펴보기

한 학구(學區)의 초등학교 4개교의 학생 수가 매년 감소하고 있었다. 여러 고민 끝에, 그중 한 개 학교를 폐교하고 세 개 학교를 통폐합하기로 결정하였고, 이 학교에 재직했던 교직원들을 새로운 학교로 전근시켰다. 그리고 효과적인 교사 협업 모델을 만들기 위해 새로운 교사진을 이끌어 나갈 교장을 임용하였다.

통합 전 개별 학교에서 독립적으로 일했던 교사들이 모였기 때문에 협업을 지원하는 것이 무엇보다 중요했고, 새로운 교장이 교사 간의 관계 형성에 초점을 둔 협업과 신뢰의 모델을 만드는 데 최우선 순위를 둘 필요가 있었다.

주 교육감은 신임 교장이 경력이 있는 교사들과 함께 학구의 방향에 부합하는 협업 모델을 개발하는 과정에서 겪게 될 어려움을 잘 이해하고 있었다. 교사들의 평균 경력은 10년이 조금 넘었으며, 그중 50%가 폐교된 학교에서의 근무 경력이 전부였다.

신임 교장은 관계 형성을 기반으로 학교문화를 개발하는 데 강점이 있었다. 그는 어떻게 교사들이 새로 통합된 학교로 '들어오게(enter)' 할지를 계획했고, 이 계획의 핵심은 주인의식과 모든 학생(all students)에 대한 책임감을 가지도록 권한을 부여함으로써, 교사들의 자신감을 키우는 것이었다. 교사 리더십은 인적, 사회적 자본을 구축하는 핵심 요소이다.

2. 들어가며

학교혁신과 학생의 성취는 항상 교육적인 대화(해답을 찾고자 하
는 의지를 가진)의 중심에 있다. 안타깝게도 그 해답을 찾는 것은 전
통적으로 시험 점수와 같은 성취 지표와 이를 기반으로 측정된 교사
의 효과성 점수를 점검하는 것이었고, 이러한 점수는 교원 자격 박
탈이나 해고의 위협과 맞물려 있었다. 학교혁신의 논의는 교장과 교
사 개인들의 효과성에만 초점이 맞춰졌고, 교사 효과성을 높이기 위
한 학교혁신의 노력과 시도들이 학생들의 성과를 변화시켰다는 공
허한 증거들을 만들어 냈다.

학교혁신의 접근 방식은 「아동낙오방지법(No Child Left Behind,
2002)」[1]과 관련된 책무성 평가에서 새로운 방식으로 전환되고 있다.
학교 리더들은 교사의 주인의식과 교사와 리더 간의 협력적인 상호
작용을 통해 학교문화와 학교 역량을 갖추기 위한 노력을 시작하고
있다.

이 장에서는 학교 역량을 갖추고 유지하게 하는 학교문화의 형성
에 교사의 주인의식과 공동의 책임감이 얼마나 중요한지를 살펴보
고자 한다. 인적 자본과 사회적 자본에 대한 집중이 학교 역량 개발
로 이어진다.

---

1) 역자 주: 제1장 각주 3 참조.

3. 학교 역량

학교 역량(school capacity)은 흔히 광범위하고 보편적이라고 간주되나, 문화적 맥락에서 학교 역량을 구축하는 것은 학생들이 기대 성취를 달성하는 데 필요한 기술, 실천, 능력, 전문성을 중심으로 환경을 조성하는 개별적이고 집단적인 활동을 의미한다(Education Reform, 2013). 학교 역량은 공동의 주인의식과 이러한 노력을 명확하게 하는 데 필요한 공동의 책임으로 인식함으로써 만들어진다.

1) 공동의 주인의식

교육개혁과 혁신의 역사는 학교문화 내에서 지속 가능성이 부족한 단기적인 학교 개혁 방안들에 시달려 왔다. 학교의 성과를 높이기 위한 개혁 시도들은 주로 하향식(top-down) 방식으로 지역, 주 및 국가 정책으로 의무화되는데, 실패하는 경우가 많다. 많은 경우, 교사는 교실에 영향을 줄 수 있는 변화에 대해 가장 늦게 알게 된다.

성공적인 학교의 토대는 의사결정과정에 구성원들이 직간접적으로 참여할 때 만들어진다. 교사들이 중요하고 의미 있는 결정들을 검토하는 과정에 참여할 때, 교사는 서로를 지지하고 자부심과 주인의식을 갖게 된다. 하향식 의사결정이나 위임에 의한 의사결정이 이루어지면, 내부에 분열이 생기고 교사 간, 교사와 리더 사이에 갈등이 생기게 된다.

또한, 학교의 변화를 효과적으로 지원하기 위해서는 변화 자체가 아니라 교사가 혁신을 만들어 내는 과정과 방식에 주목할 필요가 있다. 손더스 등(Saunders et al., 2017)에 따르면, "새로운 전략이 교사들에게 의견을 낼 수 있는 통제권이나 기회를 거의 주지 않고 일회적인 것으로 인식되면, 새로운 전략을 수행할 교사의 능력이 약화될 수 있다."(p. 1)고 한다. 교사 참여와 주도성은 장기적인 개혁의 노력을 성공하게 하는 핵심적인 요소이며, 참여를 통해 공동의 주인의식이 발전하는 것이다.

교사가 혁신을 위해 노력하고 주인의식을 갖게 하려면, 리더는 교사가 신념대로 영향력을 발휘할 수 있도록 세심한 주의를 기울여야 한다. Saunders 등(2017)은 "교사의 주인의식은 학교를 변화시킬 수 있는 잠재력을 지닌 강력한 구성 요소"(p. 37)라고 하였으며, 교사의 주인의식에 대해 다음과 같이 보고한다.

- 교사들이 함께 일하며, 서로에게서 배우고, 지식과 생각을 공유하며, 혁신을 위한 노력을 주도할 수 있는 환경에 기반한다.
- 단시간에 개발되지 않는다.
- 교실에서의 책임과 공동체에 기여하려는 노력 사이의 균형을 유지하게 한다.
- 학생들의 학습, 학교의 성과 그리고 지역사회에 가치를 부여하게 한다.
- 교사의 전문성, 지식, 기술을 인정한다.

(p. 37)

긍정적인 문화를 가진 학교에서는 리더가 교사에게 의사결정에 참여할 수 있는 권한을 부여하기 때문에 혁신과 변화가 지속적으로 일어난다.

교사의 주인의식은 학교문화 구축을 위한 노력에 있어 매우 중요한 역할을 한다. 구체적인 역할은 다음과 같다.

1. 학교 방향성 설정과 협의. 교사의 신념은 학교의 핵심 신념과 가치, 학생을 비롯한 모두의 열망과 일치해야 한다. '어떻게' 일을 하는가에 대한 의문과 이견이 생길 수 있으나, 방향성에 대한 합의가 있으면 '왜'에 대한 질문은 일관되게 유지된다. (제5장 참조)

2. 교사 협업을 위한 지원. 협업 문화 발전의 기본은 교사들에게 공식적, 비공식적 대화에 참여할 수 있는 시간을 제공하는 것이다. 협업 모델은 협업하기 위한 공동체 구성과 책무성 지표를 설정하고, 전문적 대화에 참여하기 위한 토대가 되는 공유된 신념을 통해 만들어진다. (제4장 참조)

3. 교실 밖에서의 교사 리더십 발현. 리더로서의 교사는 교실뿐만 아니라 학교 전반적으로 풍부한 경험을 가지고 있다. 리더는 교사의 관심, 지식, 경험을 활용할 수 있는 기회를 제공함으로써 교사 리더십을 개발시킨다. (제4장과 이 장의 뒷부분 참조)

4. 동료 관찰과 토론 기회. 동료 관찰을 통해 교사들은 서로 배우며 자신의 수업에 대한 강력한 통찰을 얻을 수 있다. 동료 관찰은 수업에 대해 솔직하게 토론하게 하며, 문제 해결에 대한 다양한 관점을 갖게 하며, 성찰하게 하고, 교사의 자신감을 키우게 한다. (제5장 참조)

5. 교사가 주도하는 전문적 학습 기회. 교사는 동료와 함께 전문적인 학습을 할 때 엄청난 가치를 지닌 깊이 있는 전문적인 지식을 갖게 된다. 동료 학습의 기회는 교사의 전문적인 요구와 관

련되며, 전문적 신뢰가 필요하며, 동료 및 학생들과의 활동에
서 내재적 가치를 창출한다. (제4장과 제5장 참조)

학교가 공동의 책임으로 이어지는 공동의 주인의식을 통해 역량
문화를 구축하고자 할 때, 개인과 학교 전체에 대한 교사의 영향력
과 주인의식에 대한 관심은 중추적인 역할을 한다.

2) 공동의 책임

학교에서 공동의 책임에 대한 기본 전제는 교사와 리더가 그들
의 결정과 그에 따른 결과에 대해 서로 함께 주인의식을 갖는 것이
다. 리와 스미스(Lee & Smith, 1996)는 "학생의 학업적 성패를 학생
에게 귀인하기보다, 교사들이 공동의 책임을 지는 학교에서 학생
들의 학업적 성장이 유의하게 높다"(p. 103)라고 밝혔다. 마찬가지
로, 학생들의 성취를 높이기 위한 가장 좋은 방법은 "관리자와 교사
가 학생들의 성취를 위해 함께 노력하며 공동의 주인의식과 책임을
공유하는 것"(Massachusetts Department of Elementary and Secondary
Education, 2016, p. 4)이다.

공동의 책임 문화를 조성하는 것은 리더와 교사의 학생에 대한 신
념을 살펴보는 것에서 시작된다. 첫째, 리더와 교사는 모든 학생의
도전과 성공을 보장하는 것이 그들의 책임이라는 것을 받아들여야
한다. 두 번째는 모든 학생이 높은 수준의 학습을 할 수 있고 평생 학
습자가 될 준비가 되어 있다고 믿는 것이다(Solution Tree, 2018). 또
한, 공동의 책임은 교사들이 서로의 성장에 관심을 가지고 자신들의
전문성을 기꺼이 공유할 때 길러진다(Hirsh, 2010).

공동의 책임의 학교문화 조성은 학교혁신을 가능하게 한다. 여러 혁신의 노력과 새로운 조직적 실천, 내부적 혹은 외부적 분열과 주인의식 결여로 단기간에 그치거나 성과를 내지 못하는 경우가 많다. 리더와 교사가 학교혁신을 위해 공동으로 책임지는 '하나된 목소리의 힘(power of one voice)'은 그들의 협력적 실천에 영향을 미친다.

교사와 리더가 공동의 책임을 갖는 것은 교사의 성장과 발전을 위한 토대이자, 교수학습에 대한 주인의식을 의미한다. 긍정적인 학교문화에서 리더와 교사는 가치, 신념, 태도에 기반한 실천을 통해 긍정적 학습문화를 조성한다(제3장, 제5장 참조). 학교 차원의 책임과 공통된 이해를 통해 리더와 교사는 모든 학생의 성공을 위한 최선의 학습활동과 환경을 만들기 위해 하나가 된다. 공동의 책임과 긍정적인 학교문화를 조성하고 유지하기 위한 공동의 약속 간의 관계를 정리하여 〈표 6-1〉에 제시하였다.

〈표 6-1〉 공동의 책임과 긍정적인 문화 형성을 위한 약속과 실천

교사들이 공유할 공동의 책임	긍정적인 학교문화를 위한 약속과 실천
모든 학생의 학업적 성취를 지향한다.	모든 학생은 교사들이 학생의 고유한 능력을 믿는 학교문화 속에서, 높은 수준의 성취를 이룰 수 있다.
학생 성취를 위한 교사 개개인의 노력을 지원한다.	개별 교사는 동료에게 필요한 지원을 받을 수 있는 환경에서 낮은 성취의 학생을 더 잘 도울 수 있다.
동료들과 수업을 공유한다.	모든 교사가 좋은 사례와 실천을 실험하고 공유하는 문화는 모든 학생에게 좋은 학습환경이 된다.
교사들이 자신의 성장과 학생 성취를 위해 노력한다는 것을 저경력 교사가 배우도록 지원한다.	경력에 관계없이 모든 교사가 효과적인 수업전략을 활용하는 문화는 모든 학생에게 좋은 학습 환경이 된다.

더 높은 수준의 교육과 더 나은 학생 성취를 위해 정기적이고 체계적으로 함께 학습하고 협력한다.	지속적인 협업을 바탕으로 효과적이고 질 높은 수업을 하는 학교문화는 모든 학생에게 좋은 학습 환경이 된다.
팀 기반의 전문적 학습을 일과(work schedule)에 포함한다.	교장이 팀 기반의 전문적 학습 문화가 갖는 힘을 깨달을 때, 교사들은 모든 학생의 성장을 지원하면서 성장하고 발전한다.

출처: Hirsh (2010).

실천을 약속하고 그 약속에 대한 책임을 공유하면, 학교는 구성원들의 재능과 전문성에 초점을 맞추고 이를 활용하는 데 집중할 수 있다. 공동의 실천과 책임은, 그를 위한 노력이 일관되게 지속될 때 형성되고 발전한다.

3) 일관성

학교 업무는 복잡하다. 학교 조직체계에서 이루어지는 여러 일상적인 결정이 학교 조직체계에서 이루어지기에 더욱 그렇다. 학교 조직과 일관성(또는 일관성 부족이)이 학교의 의사결정, 성과 그리고 문화에 어떤 영향을 미치는지 이해하는 것은 리더와 교사에게 무척 중요하다. 교육청과 학교 간의 일관성, 학교 리더와 교사 간의 일관성은 주 교육감과 학교 리더의 정책실행에 대한 전략적 논의과정으로 만들어진다. 그러나 정책 방향에 맞추어 학교의 계획과 실천을 조정하고 유지하는 데 가장 중요한 요인 중 하나는 일선 교사의 목소리와 주도성이다.

시스템 일관성에 대한 책임은 전적으로 주 교육감의 어깨에 달려 있다. 시스템 일관성이 있으면 학구의 추진 방향을 알 수 있고, 프로젝트와 프로그램을 지속적으로 추진할 수 있다. 학구가 변화하는 환경을 잘 안내하면, 시스템 일관성은 학교 리더가 자원과 시간을 더 효율적이고 효과적으로 준비하고 활용할 수 있도록 지원한다(Zepeda et al., 2021). 또한, "리더가 협력의 힘이 얼마나 많은 부분에 일관성을 가져올 수 있는지를 이해할 때, 시스템에서의 변화가 유지되고, 문화로 정착할 수 있다"(Lanoue & Zepeda, 2018, p. 162).

시스템 일관성을 반영하는 학구와 학교문화를 조성하려면 협력뿐만 아니라 참여와 의미를 창출하는 과정 또한 필요하다. 학구의 모든 사람이 시스템의 방향을 명확하게 표현할 수 있지만, 이를 실행하는 것은 학교와 개인마다 다른 경우가 많다. 모든 사람이 같은 생각을 한다고 전제하는 대신, 목적에 대한 깊은 이해를 공유하고, 이를 바탕으로 문화를 구축하기 위해 적극적으로 노력해야 한다 (Srinivasan & Archer, 2018).

"공동의 이해와 일관성은 정보, 자원, 지식의 흐름을 촉진하는 사람들 간의 연결과 관계를 바탕으로 만들어진다"(Hatch, 2015, p. 105). 이를 통해 개인과 집단은 각자가 하고 있는 일들을 조정하고, 자신이 해야 할 일과 그 이유에 대한 공통된 감각을 갖게 된다. 학교가 응집력을 갖고 효율적으로 업무를 수행하려면, 협력적 실천과 주인의식을 갖는 문화를 조성하려는 교사 참여와 주도성이 필수적이다.

모두가 같은 방향으로 나아가는 학교에서 가르치고 배우는 것은 긍정적인 인적 자본을 형성하기 위한 노력이며, 이는 성공적인 학교 리더에게 가장 중요한 요건 중 하나이다. 일관성을 갖고 리더십을 발휘하려면 인적 자본 개발에 적극적인 노력이 필요하다.

● 문화 이끌기: 학교문화 이해를 위한 성찰 ●

• 학교문화 이해하기
  – 학교문화 혁신을 위한 교사의 주인의식은 주도성과 참여를 장려하는 구체적이고 지속적인 실천을 통해 이루어진다.
  – 공동의 책임감은 교사와 리더가 함께 이끌 때 발전하며 이는 학생의 성취를 향상시킨다.
  – 일관성은 모든 개인과 집단이 공통의 목적과 목표를 가질 때 이루어질 수 있다.

• 학교문화의 힘 활용하기
  – 여러분의 학교에서 교사 공동의 주인의식을 신장시키기 위한 노력으로 무엇이 있는가?
  – 여러분의 학교에서 학생의 학업적 성공 여부의 원인을 (학생의 실패를 학생 탓으로 돌리지 않고) 교사와 리더가 공동으로 책임진다는 것을 보여 줄 수 있는 증거가 있는가?
  – 학구(學區), 학교 관리자, 교사 간의 학교혁신 및 교사 주도성과 관련하여 어느 정도 일관성이 있는가?

---

4. 인적 자본

인적 자본 개발과 이것을 사회적 자본으로 활용하는 것을 구분해서 생각할 필요가 있다. 인적 자본은 일반적으로 사회적 환경을 가치 있게 하는 개인적 자산으로 간주되는 반면(Amadeo & Boyle, 2021), 브리드웰 미첼과 쿡(Bridwell-Mitchell & Cooc, 2016)에 따르면, 사회적 자본은 "타인과의 직간접적인 관계를 통해 활용 가능해

지는 인지적, 사회적, 물질적 자원의 잠재적·실제적 집합"(p. 7)으로 정의된다. 인적·사회적 자본 모두 긍정적인 학교문화를 조성하는 데 필요하다. 협업 및 전문적 학습(제5장 참조)과 관계의 중요성(제4장 참조)은 앞에서 살펴보았지만, 이 장에서는 긍정적인 학교문화와 인적·사회적 자본 구축 및 개발의 관계에 초점을 둔다. 인적 자본이 학생 성취에 미치는 영향은 사회적 자본을 통해 기하급수적으로 높아질 수 있다.

역사적으로 대중의 정서와 교사의 책무성에 대한 압력은 더 능력 있는 교사를 요구해 왔다. 개혁을 위해 망가진 학교를 '고치려는(fix)' 노력이 이어졌고, "성과가 낮은 학교의 인적 자본 수준을 높이면 결과가 좋아질 것이라고 기대하였다"(King Rice & Malen, 2003, p. 635). 이런 생각에서 나온 전략은 목표를 달성하지 못한 학교를 인수하여, 그 학교의 인적 자본인 교사와 리더를 제거하는 식이었다. 2009년 미국 교육부의 '최고를 향한 경주(Race to the Top: RTT)' 의제에서도 성과가 저조한 학교에 대한 전환 전략으로 학교 재정비를 요구하였다(Goldstein, 2014; Hansen, 2013). 절체절명의 순간에 절박한 행동을 한다는 격언을 그대로 적용한다면, 결국은 인적 자본을 잃게 되는 것이다.

스리바스타바와 다스(Srivastava & Das, 2015)는 인적 자본을 포괄적으로 정의한다. "인적 자본은 지식, 재능, 기술, 능력, 경험, 지능, 판단력, 지혜를 모두 포함하는 자원의 집합체이다"(para 1). 다시 말해, 비버와 웨인바움(Beaver & Weinbaum, 2012)은 "인적 자본은 강점, 약점, 선호도가 있는 개인들이 학교에 근무함으로써 학교가 얻을 수 있는 이점"(p. 3)이라고 말한다.

이러한 정의에 따르면 인적 자본은 학교가 교사를 통해 얻게 되는 자산 혹은 학교와 시스템의 노력으로 개발되는 자산이라고 할 수 있다. 교사는 인적 자본을 가지고 학교로 들어온다. 예를 들어, 교사는 경력에 상관없이 학위를 취득하고 전문적 학습에 참여해 왔다. 빈곤층 학생 및 가정과 함께하는 연수나 새로운 성취기준에 대한 전문성 개발 등의 전문적 학습에 투자함으로써 교사의 인적 자본을 개발할 수 있다. 이러한 인적 자본은 업무가 내재된 학습을 통해 더욱 발전한다(제5장 참조).

학생, 교사, 리더 등 모든 학교의 구성원이 공동의 주인의식과 책임을 가질 때 학교의 역량이 개발될 수 있다. 과거에 인적 자본은 노동력의 경제적 구조 및 투자 구조(Coleman, 1988; Goldin, 2001), 지식 경제(Mokyr, 2004), 자원 활용, 비용 효율성 및 학생 성과의 생산 함수(Crocker, 2006; Hanushek, 1989), 교육청의 인적 자원 관리(Crocker, 2006; Zepeda et al., 2021)의 맥락에서 논의되었으나, 이번 논의에서는 학교 리더(Myung et al., 2013)의 역할에 초점을 맞춘다.

학교 차원에서 인적 자본은 리더가 다음과 같은 역할을 할 때 더욱 발전한다.

- 교사들이 협업할 수 있는 시간과 자원을 확보한다.
- 교사의 전문성 신장을 위해 접근이 용이한 수준 높은 전문성 개발의 기회를 확보한다.
- 문제가 생겼을 때 일시적으로 제공되는 '한시적인' 학습을 넘어 '언제 어디서나 가능한 학습'을 장려한다.
- 멘토링 및 입직 프로그램[2], 교사 평가 시스템 등 기존 프로그램

---

2) 역자 주: 멘토링 및 입직 프로그램은 학생의 학업성취도를 높이는 동시에 신규 교사의 성공과 유지를 개선하는 효과적인 전략으로 추진되고 있음. 관련 연구를 보면, 미국과 같은

을 활용한다.
• 교사 리더십 개발을 촉진한다.

교사들의 협력적 학습은 개인과 집단의 인적 자본 개발에 도움이
된다. 인적 자본의 개발 가능성은 무궁무진하며, 구체적인 방법으로
는 입직 프로그램, 멘토링, 교사 리더십을 살펴볼 수 있다.

1) 입직 프로그램

학구는 조직체계 측면에서 교사를 채용하고, 입직시키고, 유지
시키는 노력을 통해 인적 자본에 투자한다. 참고로, 인건비 지출은
모든 학구에서 가장 높은 항목으로 예산의 약 80% 이상을 차지한
다(Myung et al., 2013). 한편, 교사의 평균 근무 경력이 2016년 기준
1~3년으로 1988년에 15년이었던 것과 비교하여 크게 짧아진 것으
로 나타났다(Ingersol, 2018). 제2장에서 교사 인력의 유지와 이직을
간략하게 살펴본 바와 같이, 교사가 짧은 기간만 근무하는 회전문 현
상이 지속된다면 긍정적인 학교문화를 구축하기 어렵다. 교사 인력
부족은 유치원부터 고등학교까지의 공립학교 전반에 걸쳐 나타났으
며, 특히 양질의 교사 입직 프로그램과 높은 교사 유지율 간의 상관
관계가 뚜렷하게 나타나, 교사 입직 프로그램의 개선에 대한 필요성
이 증가하고 있다(Camborg et al., 2018; Ronfeldt & McQueen, 2017).
　입직 프로그램이 필요한 이유는 분명하다. 대부분의 초임 교사는

국가에서는 멘토링과 입직 프로그램이 교사 유지와 관련이 있는 것으로 나타남(Ingersoll,
2003). (제4장 참조)

학생과 함께 일하는 것의 복잡성, 교사들과 함께 일하는 것의 역학 관계, 정책, 절차, 새로운 교육과정의 기준, 평가 등 '처음'인 것을 배우는 데 어려움을 겪는다. 또한, 많은 신규 교사(44%)가 교단에 선지 5년 이내에 교직을 떠나는 것으로 나타났다(Ingersoll, 2018). 이러한 이유 등으로 입직 프로그램은 교사 역량을 강화하는 데 필수적인 부분이다. 교직 초기 몇 년의 경험은 향후 성공과 장기근속을 위한 기초가 된다. 신규 교사의 초임 기간은 "어떤 교사가 될 것인가"를 계획하는 시기라고 할 수 있다(Feiman-Nemser et al., 1999, p. 1).

입직 프로그램 지원은 초임 교사가 학교 구성원으로 적응하고, 책임과 역할을 배우면서 사회화하는 데 있어 중요한 역할을 한다(Alhija & Fresko, 2016). 또한, 초임 교사가 예비교사 교육과정에서 배운 내용을 토대로 완전한 책임의식을 갖고 실천할 수 있도록 돕는다. 초임 교사는 입직 기간을 통해 학교문화에 대한 감각을 갖게 되고, 웰빙에 대한 관심과 배려를 경험하며, 공동체에 대한 소속감을 갖게 된다. 이러한 문화적 기반은 "이론과 실천의 이분법에 맞서"(Warford, 2011, p. 255) 동료들과 함께 이론을 실천으로 이어지게 할 수 있다.

리더는 공식적 준비과정에서 발생하는 공백을 메우기 위해 의도적으로 자원, 시간 및 에너지를 연결할 때, 초임 교사를 효과적으로 지원할 수 있다. 지원은 우연히 생기는 사건이 아니다. 리더는 신규 교사가 다른 교사의 수업을 관찰하고, 관찰한 것에 대한 이야기를 나눌 수 있는 기회와 시간을 제공해야 한다. 이외에도 새로운 구성원들의 요구에 따라 전문적 학습의 기회를 다양하게 지원해야 한다. 숙련된 교사와 상호작용하는 멘토링은 학교가 신규 교사에게 적시에 제공할 수 있는 강력한 지원이다.

2) 멘토링

멘토링은 학교의 새 구성원, 즉 신규 교사에 대한 인적 자본을 개발하는 것이다. 멘토링은 보통 신규 교사를 대상으로 하는 경우가 많으나, 경력에 관계없이 모든 교사를 대상으로 공식적이나 비공식적으로 시행할 수 있는 지원이다. 학교에 새로 부임한 경력 교사, 새로운 콘텐츠를 가르치는 경력 교사, 특정 학생 그룹에 어려움을 겪고 있는 경력 교사도 멘토 교사의 코칭을 통해 도움을 받을 수 있다.

멘토십(mentorship)은 숙련된 교사(멘토)가 신규 교사(멘티)와 협력하고, 목표를 설정하고, 문제를 해결하는 전문적이고 신뢰할 수 있는 관계이다(Carr et al., 2017; DeCesare et al., 2016). 멘토는 지속적이고 협력적인 사회적 상호작용에 교사를 참여시킨다. 멘토는 중요한 조언을 해 주며, 학급 관리 및 수업 계획을 포함한 다양한 주제와 관련하여 현업에서의 학습 기회를 지원한다(Hong & Matsko, 2019). 또한 멘토는 전문성을 보여 주고, 사회 · 정서적 지원을 제공하며, 초임 교사가 학교와 지역사회의 정치적 환경을 파악할 수 있도록 도와준다.

경험이 많은 교사가 멘토로 활동하면 최근에 졸업한 예비교사들의 교직 입문을 잘 도와줄 수 있다. 멘토는 신규 교사를 지원하며 인적 자본을 개발하는 데 도움을 준다. 멘토링과 입직 프로그램은 멘토 역할을 하는 경력 교사와 초임 교사 모두에게 도움이 되는 방식으로 인적 자본 개발을 지원한다.

멘토링은 초임 교사의 다음과 같은 것을 돕는 데 효과적인 것으로 나타났다.

- 교수법 기술 향상(Fenwick, 2011; Sutcher et al., 2019)
- 학생들의 역동성에 대한 이해(Hudson, 2012)
- "학교 규범과 절차에 익숙해지고, 학교문화에 적응하도록 돕고, 수업 계획과 학급 관리를 지원하며, 형성적 평가로 수업에 대한 건설적인 피드백 제공으로 사회화를 지원"(Alhija & Fresko, 2016, p. 18)
- 고립감 해소(Hong & Matsko, 2019)와 소속감 증대(Zepeda, 2018)
- 직무 헌신도 증가(Hong & Matsko, 2019)

멘토링은 초임 교사가 자신의 목소리를 찾고, 성찰하며, 의사결정을 할 수 있는 주도성을 개발하도록 돕는다(제1장 참조). 초임 교사는 멘토의 지도로 의사결정 능력을 함양하고, 중요한 정보를 얻을 뿐만 아니라 멘토의 전문적 기질을 모델링하기도 한다.

성공적인 멘토링 프로그램을 개발할 때, 리더는 다음과 같은 사항에 주의를 기울여야 한다.

- 멘토 선정, 멘토 선정 배정, 멘토 교육, 멘토의 지속적인 전문성 개발
- 멘토와 초임 교사가 만날 수 있는 여유 시간 제공
- 활용할 수 있는 학교의 행·재정적 자원 파악

능력 있는 리더는 멘토링에 필요한 시간이나 전문성을 확보하기 위해 경험이 많은 교사들과 협력한다.

3) 교사 리더십

교사는 교실에서 매일의 일상을 이끌어 가면서 직무에서의 전문성과 지식을 구축하고 축적한다. 학교문화가 잘 형성된 학교의 교장은 교사 리더십을 개별 교실의 벽을 넘도록 성장시킨다(제4장 참조). 교사 리더십과 그것의 역할을 정의내리기는 어렵지만, 학교의 맥락, 교장이 리더십 개발을 지원하는 방식, 교사 리더십의 역사 등으로 거슬러 올라가 살펴볼 수 있다(Wenner & Campbell, 2017).

카첸마이어와 몰러(Katzenmeyer & Moller, 2009)는 교사 리더는 "더 나은 교육적 실천을 위해 다른 사람들에게 영향을 미치고, 리더십의 성과를 달성하고자 하는 책임을 받아들인다."고 하였다(p. 6). 교사 리더십은 관계에 의한 신뢰, 공동의 책임감, 성장에의 전념, 전문성에 대한 인정이 있는 건강한 학교문화에서만 함양될 수 있다(Killion et al., 2016).

교사 리더는 교수학습, 교사 간 그리고 교사와 리더 간의 전문적인 관계를 혁신하기 위한 실천의 중심에 있으며, 교사들에게 영향을 미치며 안내자 역할을 한다. 교사 리더에게 부여되는 공식적이거나 비공식적인 역할보다는, 교사 리더십이 학교문화의 일부로 통합되는 것이 더 중요한데(York-Barr & Duke, 2004), 이러한 통합은 리더십이 더 분산되고(Neumerski, 2013; Spillane, 2012), 여유 시간과 리더십 기술 개발을 비롯한 구조적 지원이 마련된 학교에서 이루어진다(Nguyen & Hunter, 2018). 교사 리더십이 모든 교사를 대상으로 다뤄진다면 학교의 역량은 더 높아질 것이다.

교장은 다음과 같은 방법으로 교사 리더십 함양을 지원한다.

1. 학교 차원의 문제 해결을 위한 의사결정 과정에 교사 참여 시 그들의 전문성을 발휘하게 한다.
2. 교사 리더가 되기 위한 전문적 학습을 지원한다. 예를 들면, 경험이 많은 교사 리더와 경험이 적은 교사 리더를 매칭하여 멘토링하는 것이다.
3. 교사 리더에게 리더십 실천에 대해 적시의 피드백을 제공한다. 대화를 통한 피드백은 리더십 기술의 성장과 개발에 도움을 준다.
4. 교사 리더가 현장(학년별, 학교별), 학구 그리고 지역 및 전국 단위의 전문적 학습을 개발, 설계, 주도할 수 있는 기회를 제공한다.
5. 교사 리더가 교사들을 연결하여 소통할 수 있는 체제와 시간을 마련한다. 이를 통해 교사들이 초임 교사나 학교에 새로 부임한 교사들과 함께 멘토링, 동료 수업 참관 등에 참여할 수 있다.
6. 교사 혁신과 이를 위한 위험 감수를 지지한다.

교장은 개인적이고 집단적인 인적 자본을 구축하는 주요 방법으로서 교사 리더 개발을 지원한다. 교사 리더가 다룰 수 있는 관계의 유형은 사회적 자본을 구축하고 유지하려는 교장의 역량을 기하급수적으로 증가시킬 수 있다.

● 문화 이끌기: 학교문화 이해를 위한 성찰 ●

• 학교문화 이해하기

  − 교사 입직 프로그램은 교사 준비 프로그램과 학교 교실의 가교역할을
    한다. 교사들이 학교문화를 이해하고 동료와 웰빙에 대한 고민을 함께
    하며 공동체 의식을 기를 수 있다.

  − 멘토링은 신규 교사가 경력 교사와 협력하여 함께 목표를 설정하고, 수
    업을 계획하며, 문제를 해결하는 것이다.

  − 교사 리더는 동료들이 교육적 실천을 개선하고 결과에 대한 공동의 책
    임감을 갖도록 지원한다.

• 학교문화의 힘 활용하기

  − 여러분의 학교에서(단순히 업무를 명확히 하는 것이 아니라) 교사가 학
    교문화를 접하는 입직 프로그램이 어떻게 실행되고 있는가?

  − 여러분의 학교에서 시간, 자원, 훌륭한 멘토 발굴과 관련하여 학교 리더
    가 교사 멘토링을 지원하는 방법이 무엇인가?

  − 여러분의 학교에서 개인 및 집단 역량 강화를 위해 전략적으로 시행하
    는 교사 리더십 함양 방법은 무엇인가?

---

5. 사회적 자본

교육혁신을 위한 노력은 공식적인 교육, 경험, 전문적 학습을 통
해 함양된 '교사 개인'의 인적 자본 구축을 중점으로 하여 추진되어
왔다. 그러나 학교 역량 구축에 있어서 핵심은, 교사와 리더 간의 '관
계'와 아이디어 및 정보 '공유'를 바탕으로 한 '사회적 자본'의 가치를
이해하는 것이다. 사회적 자본은 동료들과의 상호작용을 통해 지식

을 중대함으로써 강화된다. 사회적 자본을 구축하기 위한 일관된 노력은 교사가 자신의 업무, 다른 사람의 업무, 조직체계와의 관계를 이해하는 방식과 같은 상호관계적 관점에서 도움이 된다(Zepeda et al., 2021: 25). 하그리브스와 풀란(Hargreaves & Fullan, 2012)은 사회적 자본을 다음과 같이 설명한다.

> 사람들 간의 상호작용과 사회적 관계의 양과 질이 (1) 지식과 정보에 대한 접근성, (2) 기대감, 의무감, 신뢰감, (3) 동일한 규범이나 행동 강령을 따르고자 하는 정도에 영향을 미치는 것
>
> (p. 90)

사회적 자본은 '다른 사람의 인적 자본에 접근'하게 한다는 점에서 지식 증대에 중추적인 역할을 하며, "영향력과 기회의 연결망을 확장시킨다. 그리고 조언과 지지를 해 주는 사람이 있으면 회복탄력성을 기를 수 있다"(Hargreaves & Fullan, 2012, p. 90, 원문에서 강조함).

사회적 자본은 행동하게 하고(Lin, 20017), 전문적 학습공동체를 만들고(Moolenaar & Sleegers, 2014), 조직 성과와 교육의 질을 예측하고(Lana & Pil, 2006), 교사의 자질 향상을 위해(Hargreaves & Fullan, 2012) 접근할 수 있는 무형의 자원 및 사회적 관계로 정의해 왔다. 사회적 자본은 교사들이 서로 협력하고, 혁신할 수 있고, 사회적 자본은 교사들이 서로 협력하고, 혁신할 수 있고, 긍정적인 학교문화를 위한 통합적 요소로(제1장 참조) [그림 1-1]에 제시된 소속감을 경험할 수 있는 협업과 같은 자산을 구축하게 한다.

Hargreaves와 Fullan(2012)은 "함께 일하는 교사들 간 목표지향적

인 학습의 기회가 늘어나면 교사들은 동료의 가치와 건설적인 의견 대립의 가치를 배우게 된다. 그리고 이러한 배움은 학교에 단기적인 성과와 장기적인 혜택을 모두 가져다 줄 수 있다"(p. 91)는 점에서 사회적 자본 구축이 학교혁신에 도움이 된다고 설명한다. 리더가 다음과 같은 자세를 가질 때 사회적 자본을 구축할 수 있다.

- 교사 전문성을 중요하게 여긴다(Penuel et al., 2009).
- 학교문화를 고려하여 학교 환경을 적극적으로 형성한다 (Drago-Severson & Blum-DeStefano, 2014; Louis et al., 2013).
- 지도력 교육에 집중한다(Drago-Severson & Blum-De St efano, 2014; Zepeda et al., 2017).

학교혁신의 측면에서 리더가 사회적 자본에 관심을 기울이는 것은 무척 중요하다.

1) 인적 자본과의 관계

사회적 자본과 인적 자본은 상호 의존적이다. 비버와 네이바움(Beaver & Neibaum, 2012)은 이러한 관계를 다음과 같이 설명하였다. "사회적 자본은 인적 자본과 밀접하게 연관되어 있으며, 사회적 자본이 없으면 동료의 기술과 전문성이 공유되지 않기 때문에, 개인 수준에 머물러 조직체계의 혁신을 위해 활용할 수 없게 된다"(p. 3). 사회적 자본은 인적 자본이 학교라는 더 큰 집단으로 확산하게 한다.

이직률이 높은 학교에서는 사회적 자본에 공백이 발생한다. 교사가 떠나면 학교 차원의 지식과 관계에 단절이 생기고 학교의 역동성

과 학교문화가 영향을 받게 된다. 교사가 학교로 가지고 왔던 자본
뿐만 아니라 전문적 학습을 통해 얻은 자본도 함께 떠나는 것이다.
교사와 리더가 이직하게 되면, 조직체계는 인력 손실로 인한 공백을
메우는 데 집중해야 한다. 이러한 이직에 의한 공백은 학생들에게도
부정적인 영향을 준다.

학교의 안정과 발전을 문화적 측면에서 추구하기 위해서는 사회
적 자본과 인적 자본이 조직체계와 교사의 업무에 어떤 영향을 미치
는지 이해해야 한다. 사회적 연결망을 통해 사회적 자본과 인적 자
본을 구축하고 유지하려면 리더는 관계 형성을 위해 더 적극적으로
노력해야 한다(Moolenaar & Sleegers, 2015).

2) 사회적 연결망

견고한 학교문화는 대부분 교사의 목소리와 주도성을 지원하는
조직체계에 의해 발전되었다. 학생의 성장과 발전에 대한 공동의 책
임과 주인의식 그리고 교사 전문성 개발은 인적 자본과 사회적 자본
간의 관계와 맥을 같이한다. 긍정적인 학교문화를 조성하려면, 리더
는 사회적 자본을 활용하여 교사들이 협력하며 주도성을 발현할 수
있는 기회를 창출해야 한다(제1장 참조). 사회적 연결망에 바탕을 둔
자본을 활용하여 학교혁신을 위한 전략을 실행하면 더 좋은 결과를
얻을 수 있다(Penuel et al., 2010).

사회적 연결망은 단순히 연락처나 집단을 칭하는 것이 아니라, 협
업을 통해 사람들을 연결하는 것이다(Moolenaar et al., 2012). 사회적
연결망에서는 지식이 공유되고, 사람들이 서로 연결되며, 다양한 실
천이 검토되고, 복잡한 문제가 해결된다. 학교에서는 관계와 소속감

이 중요하기 때문에, 협업과 신뢰가 없는 네트워크는 교사의 학습과 성장을 지원할 수 없다.

사회적 연결망 안팎에서 일어나는 일은 교사들이 누구에게 도움을 요청하고, 어떻게 문제해결에 참여하고, 어떤 자원을 활용할 수 있는지에 영향을 미친다. 인적 자원은 사회적 연결망을 구성하는 사회적 자본에 내재되어 있다. 사실상 사회적 자본은 역량을 함양하고, 소속감을 고취시키며, 교사가 주도성을 발휘하고, 강력한 효능감을 신장시키는 데 중요한 자원이다(제1장 참조). 이 같은 자본으로 학교에서의 사회적 연결망을 발전시킬 수 있다.

사회적 연결망은 개인적·전문적 관계와 협업을 견고하게 함으로써 만들어지며, 가치를 창출하고 학교 역량을 강화한다. 사회적 연결망은 교사가 겪게 되는 복잡한 문제를 네트워크의 협력으로 해결하며 전문성을 구축한다. 학교문화를 중요하게 생각하는 리더는 사회적 상호작용에 따른 교사의 성장을 기억하며 교사의 요구에 관심을 기울여야 한다(Moolenaar & Sleegers, 2015). 또한, 교사들과 소통을 잘하는 리더는 학교의 비전을 공유하며 그들이 필요로 하는 지원을 적시에 제공하려고 노력한다. 이와 같은 노력을 통해 리더는 구성원들을 연대하고, 협력적 소통을 통해 공동의 가치를 창출하여, 합의에 의한 학교 비전을 설정할 수 있다(Claridge, 2019).

사회적 연결망의 핵심은 교사들을 서로 그리고 업무로 연대하는 유대감이다. 이러한 유대관계를 통해 교사들은 서로 연결되어 있다고 느끼며 정보 등을 공유한다. 한글과 센투르크(Hangül & Sentürk, 2019)는 "유대란 구성원의 행동에 영향을 주기 위해 조언, 우정, 정보, 행동, 신념을 전달하는 파이프라인과 같은 역할을 한다"(p. 17에서 강조함)라고 설명한다. 문화는 사회적 연결망에 내재된 상호작용

을 통해 만들어진다는 점에서 학교 리더는 교사 간 유대가 중요함을
알아야 한다.

사회적 연결망에는 공식적 연결망과 비공식적 연결망의 두 가지
유형이 있다. 공식적 사회적 연결망에서는 명확한 책임이 중요하며,
일례로는 학교에서의 팀 또는 학년이 있다. 조직체계 수준에서 공식
적 사회적 연결망은 해당 지역의 모든 학년 또는 과목별 교사로 구
성될 수 있다. 공식적 연결망은 일반적으로 체계적 기능을 가지고
있으며, 정기적으로 만나고, 임명된 관리자에 의해 관리되지만, 여
전히 협력적으로 운영된다.

비공식적 사회적 연결망은 학교 조직 내에서 유기적으로 발전한
다. 비공식적 사회적 연결망은 필요에 의해 만들어지며, 공식적인
사회적 연결망에서 파생되기도 한다. 예를 들어, 9학년 영어 교사들
의 공식적인 사회적 연결망 안에서 신입 교사들은 영어를 가르치는
것뿐만 아니라 1년 차 교사로서 겪게 되는 어려움과 관련된 다양한
요구들에 기반하여 자신들만의 사회적 연결망을 구축할 수 있다. 이
연결망에서는 교육과정 관련 자료를 공유하는 데 그치지 않고, 서로
를 지지하고 격려하며 구성원 간의 소속감을 형성하는 데 노력할 것
이다.

이러한 활동들은 시간이 흐르면서 연결망 구성원들의 내면을 형
성한다. 사회적 연결망의 구성원들은 가치와 규범을 바탕으로 하여
업무를 구조화한다(제3장, 제4장 참조). 개인과 집단의 역량을 강화
하는 사회적 연결망을 만들고 유지하기 위해서는 리더가 조직의 역
사, 내부 및 외부 영향, 교직원들 내부의 역학 관계 등 조직의 특성을
이해할 필요가 있다. 조직 내 역동이 크게 변하면 사회적 유대관계
도 변하며, 사회적 유대관계가 변하며 사회적 연결망도 변한다. 이

같은 변화는 주로 교사 이직률이 높을 때 잘 나타난다. 교사가 이직하면 교사의 전문성과 학교의 사회적 연결망 구성원들과 맺은 유대 관계도 함께 사라진다.

사회적 연결망은 고정된 것이 아니라 학교나 구성원들의 요구에 따라 변화한다. 교사들이 한 분야에 전문성을 갖추면 사회적 연결망의 초점이 다른 분야나 구성원들의 관심사로 옮겨 갈 수 있다. 사회적 연결망은 교사들이 문제해결력을 키울 수 있도록 서로에게 도움을 줄 수 있고, 생각과 수업 혁신을 위해 토론할 수 있는 안전한 공간을 제공한다는 점에서 중요하다.

전략적으로, 리더는 사회적 자본을 구축하는 방식으로 이러한 연결망들을 어떻게 활용할지를 이해할 필요가 있다. 사회적 연결망은 개인의 기술과 지식을 동료의 지식과 전문성과 연결해 준다. 사회적 자본은 다음과 같은 경우에 구축된다.

1. 구성원들이 수업 전문성 신장을 위해 효과적인 수업 사례와 자원을 활용할 수 있을 때
2. 학교의 교사들이 외부 네트워크와 소통할 때
3. 구성원들이 서로 협력하면서 높은 신뢰감과 긍정적인 태도를 가질 때

(Gordon et al., 2016)

사회적 연결망은 교수학습 개선에 필요한 사회적 자본을 구축할 수 있는 효과적인 기회를 만들어 낸다.

● 문화 이끌기: 학교문화 이해를 위한 성찰 ●

- 학교문화 이해하기
  - 사회적 자본은 동료와의 상호작용을 통해 전문성을 신장시킴으로써 개발된다.
  - 교사 이직률이 높으면 학교의 사회적 자본에 공백이 생겨 교사 간의 관계, 전문적 학습, 학교혁신을 위한 노력에 부정적인 영향을 준다.
  - 학교의 사회적 연결망(공식적인 것과 비공식적인 것, 전문적인 것과 개인적인 것)은 교사 간 관계와 업무를 연결한다.

- 학교문화의 힘 활용하기
  - 여러분의 학교에서 축적한 사회적 자본인 사회적 유대 관계와 무형의 자원에는 어떤 것이 있는가?
  - 교원 수가 감소하는 현실을 고려할 때, 여러분의 학교는 교사 리더십, 지식, 관계의 잠재적 손실에 대해 어떻게 선제적으로 대처하고 있는가?
  - 여러분의 학교에서는 사회적 자본을 연결하기 위해 공식적 사회적 연결망과 비공식적 사회적 연결망을 어떻게 장려하고 있는가?

---

6. 나가며: 요약

학교 역량, 인적 자본, 사회적 자본은 학교혁신의 토대이다. 리더는 학교의 방향에 대한 명료화와 합의, 교사 협업 지원, 교실 밖에서의 교사 협업과 리더십 지원, 동료 장학과 토론 등 다양한 전략을 통해 교사의 주인의식과 공동의 책임을 신장시킬 수 있다. 한편, 학구, 학교, 교실 등 모든 조직이 비전과 목적을 공유할 때 일관성이 달성되며, 이러한 일관성은 구성원이 무엇을 해야 하고 그것을 왜 해야 하는지를 알 수 있게 해 준다.

　인적 자본은 개별 교사가 학교에 가지고 오는 가치와 그 사람이 그곳에서 일함으로써 학교가 얻는 이점이라고 할 수 있다. 개별적, 집단적 인적 자본 개발 전략으로 교사 입직 프로그램, 멘토링, 교사 리더십 개발 지원 등이 있다. 각 전략에서 리더는 교사 전문성이 갖는 가치를 입증하고, 개인 및 공동의 목적의식을 조성하여, 교사들 간의 협업을 촉진하는 것이 매우 중요하다. 인적 자본과 불가분의 관계에 있는 사회적 자본도 교사의 영향력과 기회의 범위(network)를 확장시킨다. 공식적 및 비공식적 연결망은 교사의 이직과 그로 인한 전문성과 소속감의 공백을 보완한다.

● 실천 이끌기: 학교문화 혁신을 위한 실천 ●

• 학교혁신과 문화의 일관성 분석하기
 – 여러분의 학교/조직에서 가장 중요한 학교혁신 우선순위/절차를 파악하고, 학교문화의 일관성 정도에 관한 정보를 탐색해 보자(개별적, 집단적).

• 교사 개발과 지원 문화 조성에 필요한 절차 개발하기
 – 교사 입직 프로그램, 멘토링, 교사 리더십 문화를 지원하는 절차를 시작(또는 기존 절차를 개선)해 보자.

• 인적 자본과 사회적 자본을 구축하기 위한 전략 실행하기
 – 여러분의 학교/조직에서 인적 및 사회적 역량을 어떻게 함양시키고 있는지 파악하기 위해 동료들과 대화해 보자.

읽기자료

Drago-Severson, E., & Blum-DeStefano, J. (2018). *Leading change together: Developing educator capacity within schools and systems*. Association of Supervision and Curriculum Development.

Hargreaves, A., & Fullan, M. (2012). *Professional capital: Transforming teaching in every school*. Teachers College Press.

Perret, K., & McKee, K. (2021). *Compassionate coaching: How to help educators navigate barriers to professional growth*. Association of Supervision and Curriculum Development.

참고문헌

Alhija, F. M., & Fresko, B. (2016). A retrospective appraisal of teacher induc-tion. *Australian Journal of Teacher Education, 41*(2), 16-31. http://doi.org/10.14221/ajte.2016v41n2.2

Amadeo, K., & Boyle, M. J. (2021). What is human capital? *The Balance*. www.thebalance.com/human-capital-defin ition-examples-impact-4173516

Beaver, J. K., & Weinbaum, E. H. (2012). Measuring school capacity, maxi-mizing school improvement. *CPRE Policy Briefs*. https://repository.upenn.edu/cpre_policybriefs/41

Bridwell-Mitchell, E. N., & Cooc, N. (2016). The ties that bind: How social capital is forged and forfeited in teacher communities. *Educational Researcher, 45*(1), 7-17. https://doi.org/10.3102/00131 89X16632191

Carr, M., Holmes, W., & Flynn, K. (2017). Using mentoring, coaching, and self-mentoring to support educators. *Cleaning House, 90*(4),

116-124. https://doi.org/10.1080/00098655.2017.1316624

Claridge, T. (2019). Understanding the impact of your social capital. *Social Capital Research*. www.socialcapitalrese arch.com/understanding-the-impact-of-your-social-capital/

Coleman, J. S. (1988). Social capital in the creation of human capital. *American Journal of Sociology, 94*, S95-S120. https://doi.org/10.1086/228943

Crocker, R. (2006). *Skills and knowledge for Canada's future: Seven perspectives towards an integrated approach to human capital development*. Canadian Policy Research Networks, Inc.

DeCesare, D., Workman, S., & McClelland, A. (2016). *How do school districts mentor new teachers?* National Center for Education Evaluation and Regional Assist ance. http://ies.ed.gov/ncee/edlabs/projects/ project.asp?projectID=4497

Drago-Severson, E., & Blum-DeStefano, J. (2014). Leadership for transformational learning: A developmental approach to supporting leaders' thinking and practice. *Journal of Research on Leadership Education, 9*(2), 113-141. https://doi.org/10.1177/1942775114527082

Education Reform. (2013). *Capacity*. www.edglossary.org/capacity/

Feiman-Nemser, S., Schwille, S., Carver, C., & Yusko, B. (1999). *A conceptual review of literature on new teacher induction*. National Partnership for Excellence and Accountability in Teaching.

Fenwick, A. (2011). The first three years: Experiences of early career teachers. *Teachers & Teaching, 17*(3), 325-343. https://doi.org/10.1080/13540602.2011.554707

Gamborg, L., Webb, A. W., Smith, A., & Baumgartner J. J. (2018). Understanding self-efficacy of novice teachers during induction. *Research Issues in Contemporary Education, 3*(2), 16-26. ISSN:

2690-9251

Goldin, C. (2001). The human-capital century and American leadership: Virtues of the past. *The Journal of Economic History, 61*(2), 263-292. www.jstor.org/stable/2698021

Goldstein, D. (2014). *The teacher wars: A history of America's most embattled profession*. Anchor Books.

Gordon, E., Trygstad, P., Pasley, J., & Banilower, E. (2016). *How teachers develop social capital: Illustrative cases from the Knowles Science Teaching Foundation*. Knowles Science Teaching Foundation. https://knowlesteachers.org/wp-content/uploads/2017/11/How-Teachers-Develop-Social-Capital-ER042016-02-1.pdf

Hangül, Ş. & Şentürk, I. (2019). Analyzing teachers' interactions through social network analysis: A multi-case study of three schools in Van, Turkey. *New Waves-Educational Research and Development Journal, 22*(2), 16-36.

Hansen, M. (2013). Investigating the role of human resources in school turnaround: A decomposition of improving schools in two states. *Working paper 89.* National Center for Analysis of Longitudinal Data in Education Research.

Hanushek, E. A. (1989). The impact of differential expenditures on school performance. *Educational Researcher, 18*(4), 45-62. https://doi.org/10.3102/0013189X018004045

Hargreaves, A., & Fullan, M. (2012). *Professional capital: Transforming teaching in every school*. Teachers College Press.

Hatch, T. (2015). Connections, coherence, and common understanding in the common core. In J. A. Supovitz, & J. P. Spillane (Eds.), *Challenging standards: Navigating conflict and building capacity in the era of the common core* (pp. 103-111). Rowman & Littlefield.

Hirsh, S. (2010). Collective responsibility makes all teachers the best.

Teachers Teaching Teachers, 6(1), 4-5. https://learningforward. org/wp-content/uploads/2010/09/collective-responsibility.pdf

Hong, Y., & Matsko, K. (2019). Looking inside and outside of mentoring: Effects on new teachers' organizational commitment. *American Educational Research Journal, 56*(6), 2368-2497. https:// doi.org/10.3102/0002831219843657

Hudson, P. (2012). How can schools support beginning teachers? A call for timely induction and mentoring for effective teaching. *Australian Journal of Teacher Education, 37*(7), 71-82. http://doi.org/10.14221/ ajte.2012v37n7.1

Ingersoll, R. M. (2018). Richard Ingersoll updates landmark study of the American teaching force, now covering 3 decades. *Penn GSE* [Press Releases]. www.gse.upenn.edu /news/press-releases/richard-ingersoll-updates-landmark-study-american-teaching-force-now-covering-3

Katzenmeyer, M., & Moller, G. (2009). *Awakening the sleeping giant: Helping teachers develop as leaders* (2nd ed.). Corwin Press.

Killion, J., Harrison, C., Colton, A., Bryan, C., Delehant, A., & Cooke, D. (2016). *A systemic approach to elevating teacher leadership*. Leaning Forward.

King Rice, J., & Malen, B. (2003). The human costs of education reform: The case of school reconstitution. *Educational Administration Quarterly, 39*(5), 635-666. https://doi.org/10.1177/0013161X 03257298

Lanoue, P. D., & Zepeda, S. J. (2018). *The emerging work of today's super-intendent: Leading schools and communities to educate all children*. Rowman & Littlefield.

Leana, C., & Pil, F. (2006). Social capital and organizational performance: Evidence from urban public schools. *Organization*

Science, 17(3), 353-366. https://doi.org/10.1287/orsc.1060.0191

Lee, V. E., & Smith, J. B. (1996). Collective responsibility for learning and its effects on gains in achievement for early secondary school students. *American Journal of Education, 104*(2), 103-147. https://doi.org/10.1086/444122

Lin, N. (2001). *Social capital: A theory of social structure and action.* Cambridge University Press.

Louis, K. S., Mayrowetz, D., Murphy, J. F., & Smylie, M. (2013). Making sense of distributed leadership: How secondary school educators look at job redesign. *International Journal of Educational Leadership and Management, 1*(1) 33-68. https://doi.org/10.4471/ijelm.2013.02

Massachusetts Department of Elementary and Secondary Education. (2016). *Research on effective practices for school turnaround.* www.doe.mass.edu/turnaround/howitworks/turnaround-practices-508.pdf

Mokyr, J. (2004). *The gifts of Athena: Historical origins of the knowledge economy.* Princeton University Press.

Moolenaar, N. M., & Sleegers, P. J. C. (2015). The networked principal: Examining principals' social relationships and transformational leadership in school and district networks. *Journal of Educational Administration, 53*(1), 8-39. https://doi.org/10.1108/JEA-02-2014-0031

Moolenaar, N. M., Sleegers, P. J. C., & Daly, A. J. (2012). Teaming up: Linking collaboration networks, collective efficacy, and student achievement. *Teaching and Teacher Education, 28*(2), 251-262. https://doi.org/10.1016/j.tate.2011.10.001

Myung, J., Martinez, K., & Nordstrum, L. (2013). *A human capital framework for a stronger teacher workforce.* Carnegie Foundation for the

Advancement of Teaching.

Neumerski, C. M. (2013). Rethinking instructional leadership, a review: What do we know about principal, teacher, and coach instructional leadership, and where should we go from here? *Educational Administration Quarterly, 49*(2), 310-347. doi.org/10.1177/0013161X 12456700

Nguyen, T. D., & Hunter, S. (2018). Towards an understanding of dynamics among teachers, teacher leaders, and administrators in a teacher-led school reform. *Journal of Educational Change, 19*(4), 539-565. https:// doi.org/10.1007/s10833-017-9316-xNo Child Left Behind Act of 2002, Pub. L. 107-110, 115 Stat. 1425, as amended by 20 U.S.C. § 6301.

Penuel, W. R., Riel, M., Joshi, A., Pearlman, L., Kim, C. M., & Frank, K. A. (2010). The alignment of the informal and formal organizational supports for reform: Implications for improving teaching in schools. *Educational Administration Quarterly, 46*(1), 57-95. https://doi. org/10.1177/1094670509353180

Penuel, W. R., Riel, M., Krause, A. E., & Frank, K. A. (2009). Analyzing teachers' professional interactions in a school as social capital: A social network approach. *Teachers College Record, 111*(1), 124-163. www.tcrecord.org

Ronfeldt, M., & McQueen, K. (2017). Does new teacher induction really improve retention? *Journal of Teacher Education, 68*(4), 394-410. https://doi.org/10.1177/00224 87117702583

Saunders, M., Alcantara, V., Cervantes, L., Del Razo, J., López, R., & Perez, W. (2017). *Getting to teacher ownership: How schools are creating meaningful change; Executive summary*. Brown University, Annenberg Institute for School Reform. www.annenberginstitute. org/publications/ getting-teacher-ownership-how-schools-arecreating-meaningful-change

Solution Tree. (2018). *Creating consensus for a culture of collective responsibility*. https://cloudfront-s3.solutiontree.com/pdfs/Repro duciblesTARTI/creatingconsensusforacultureofcollectiveresponsibility. pdf

Spillane, J. P. (2012). *Distributed leadership*. Jossey-Bass.

Srinivasan, L., & Archer, J. (2018). From fragmentation to coherence: How more integrative ways of thinking could accelerate improvement and progress toward equity in education. *Carnegie Corporation of New York*. https://media.carnegie.org/filer_ public/16/59/16592342- 9aa0-4b1a-90fc-6242d1b09197/from_ fragmentation_to_coherence_nov2018.pdf

Srivastava, K., & Das, R. C. (2015). Human capital management: Economics of psychological perspective. *Industrial Psychiatry Journal, 24*(2), 115. https://doi.org/10.4103%2F0972-6748.181717

Sutcher, L., Darling-Hammond, L., & Carver-Thomas, D. (2019). Understanding teacher shortages: An analysis of teacher supply and demand in the United States. *Education Policy Analysis Archives, 27*(35), 3-28. http://doi.org/10.14507/epaa.27.3696

U.S. Department of Education. (2009). *Race to the Top Program: Executive summary*. U.S. Department of Education. www2.ed. gov/programs/racetothetop/index.html

Warford, M. (2011). The zone of proximal teacher development. *Teaching and Teacher Education, 27*(2), 252-258. https://doi. org/10.1016/j.tate.2010.08.008

Wenner, J. A., & Campbell, T. (2017). The theoretical and empirical basis of teacher leadership: A review of the literature. *Review of Educational Research, 87*(1), 134-171. https://doi.org/10.3102/ 0034654316653478

York-Barr, J., & Duke, K. (2004). What do we know about teacher leadership? Findings from two decades of scholarship. *Review of Educational Research, 74*(3), 255-316. https://doi.org/10.3102/00346543074003255

Zepeda, S. J. (Ed.). (2018). *Making learning job-embedded: Cases from the field of instructional leadership.* Rowman & Littlefield.

Zepeda, S. J., Derrington, M. L., & Lanoue, P. D. (2021). *Developing the organizational culture of the central office: Collaboration, connectivity, and coherence.* Routledge.

Zepeda, S. J., Parylo, O., & Klar, H. W. (2017). Educational leader-ship for teaching and learning. In D. Waite & I. Bogotch (Eds.), *International handbook of educational leadership* (pp. 227-252). John Wiley & Sons.

제 **7** 장

학교문화를 통한
학교 안정화

1. 학교문화 살펴보기

교육혁신과 사회적 문제 대응에 적극적이라고 알려진 한 진보적인 학구에서는 큰 변화 속에서 회복탄력성을 발휘하는 학교문화와 그것이 업무에 미치는 영향을 조사하기 시작하였다. 이 과정에서 학구의 모든 학교에서는 리더, 교사, 교직원 간의 통합적 요소 [그림 1-1](제1장 참조)에 대한 대화를 시작했으며, 이는 코로나19 팬데믹의 영향으로부터 학교를 안정화하기 위한 노력이었다.

학교들은 강점, 약점(취약점), 기회, 위협을 파악하기 위해 SWOT 분석 접근법과 문화의 통합적 요소를 활용하여, 혁신적으로 문화를 발전시키고, 안정성 유지를 위해 혼란을 완충할 수 있는 계획을 수립하였다. 추진계획에 포함된 내용은 다음과 같다.

1. 현재의 학교문화에 대한 열린 대화
2. SWOT 분석 결과
3. 중점 영역 파악과 적절한 전략 개발을 위한 교사 목소리와 주도성 및 SWOT 분석 결과 활용법(과정)

또한 추진계획에는 교사와 리더 모두의 동의와 검토를 거쳐 수립된 추진 일정이 들어가야 한다.

2. 들어가며

코로나19 팬데믹이 야기한 도전과 혼란으로 학교의 경험에 뿌리를 둔 여러 시스템이 근본적으로 흔들리게 되었다. 아침에 학교로 등교하는 것, 예정된 수업, 점심시간과 쉬는 시간, 방과 후 활동은 사람들에게 익숙한 학교문화의 필수 요소였으며, 이는 다음 세대에게도 이어질 모습이었다.

모든 학교의 문화는 고유한 특성이 있으며, 이러한 특성은 학생들에게 최상의 학습 환경을 조성할 수 있는 유능한 교사가 될 조건을 만들어 준다. 그러나 문화는 학교혁신을 위한 노력에서 구체적으로 다루어지지 않는 경우가 많다(제1장 참조). 코로나19로 인해 학교가 문을 닫으면서 문화의 영향력에 대해 깨닫게 되었으며, 그 특성이 무엇인지 알게 되었다. 더욱이 지금까지도 델타 변종을 포함한 코로나19의 흔적에 학교가 대응해 오면서 문화 영향력이 구심점으로 떠올랐다.

뉴노멀 학교문화(new normal for school culture)는 변화와 탄력성이 미래 교육의 방향을 어떻게 안내하고 만들어 가는지에 대한 역동을 이해하는 것이다. 많은 사람이 학교가 정상화되기를 바라고 있지만, 학교는 '뉴노멀(new normal)'로 돌아갈 것이다. 또한, '뉴노멀'은 학교문화 프레임워크에 대한 이해와 [그림 1-1](제1장 참조)에 제시된 빙산 수면선 아래에 있는 통합적 요소 간의 상호작용으로 안정화될 것이다. 이 장에서는 오늘날 학교의 문화적 격변(turbulence)과 혼란(disruption), 학교문화를 설계하고 구축해 가는 리더십의 역할에 대해 설명하고자 한다.

3. 문화, 변화, 혼란

학교문화는 학교 구성원들의 상호작용을 통해 발전하고 변화한다. 문화는 행동 규범, 의사소통 패턴과 서로 협력하는 방식, 하위 집단의 문화와 전체 공동체에 모두 내재되어 있다(Zepeda & Lanoue, 2021a, p. 51). 급진적인 변화, 즉 격변의 시기에는 학교 조직이 시시각각 변하는 정보를 가지고 신속하게 결정을 내려야 하는 중요한 순간들이 많았다. 이러한 중요한 순간들에 학교문화의 진가가 평가될 수 있다. 학교문화는 오늘날과 미래에 반드시 경험하게 될 혼란을 완충하는 요소이기 때문에, 학교문화의 힘을 이해하는 것은 리더와 교사에게 가장 중요한 자산이 될 수 있다.

1) 변화와 갈등(turbulence)

변화와 갈등은 다양한 형태와 규모로 나타난다. 내부적으로 일어날 수도 있고, 외부적으로 일어날 수도 있다. 변화와 갈등이 계획되는 경우는 거의 없지만, 어떤 문화가 변화의 움직임에 적응할 준비가 되었다면, 조직은 더욱 확고한 기반을 두고 대응하게 된다. 코로나19 이후 변화하는 상황에서 새로운 외부 요인과 힘은 학교와 학교문화에 엄청난 압력을 가할 것이다. 외부 또는 내부의 혼란을 일으키는 문화적 격변과 갈등에는 크게 두 가지 유형이 있다.

2) 외부적 변화와 갈등

전국의 학교들은 역사적으로 사회적 혼란에 대한 해결책을 찾고 자 긴밀하게 협력해 왔다. 정부와 민주주의, 새로운 사회적 문제, 식 품과 영양 프로그램, 의무 안전교육이나 공공 의료 서비스 분야의 다양한 프로그램을 포함하여, 사회적 혼란에 대응하고 문제를 해결 해야 하는 책임이 학교에 맡겨져 왔다. 그러나 코로나19의 시작과 지금의 델타 변종, 필수로 요구된 혹은 제외된 교육과정 그리고 잘 못된 정보의 유입으로, 학교는 이전에 경험하지 못한 혼란을 계속해 서 경험하고 있다. 예를 들어, 외부적 변화와 갈등의 종류는 다음과 같다.

- 주 정부가 역사적 사건들을 배제하고 교육과정을 개발하기를 원하는 경우
- 인종과 평등에 대한 담론이 비판적 인종 이론(Critical Race Theory: CRT)[1]을 왜곡하는 경우
- 소셜 미디어와 뉴스 매체가 대중을 자극하는 잘못된 정보를 퍼 뜨리는 경우
- 공동체를 분열시키는 "내가 틀렸다는 것을 증명하라"는 식의 요즘 환경
- 마스크 착용 의무화, 가상 학습 기회 제한, 학점 인정 일수 계산

---

1) 역자 주: 비판적 인종 이론(Critical Race Theory: CRT)은 1970년대 말과 1980년대 초에 법 학자인 Derrick Bell, Kimberlé Crenshaw와 Richard Delgado 등이 만든 법률 분석 문서에 서 비롯되었음. 40년이 넘은 학문적 개념으로 인종은 사회적 구성물이며 인종주의는 개인 의 편견이나 편견의 산물일 뿐만 아니라 법률 시스템과 정책에도 내재되어 있다는 것이 핵 심 개념임.

을 위한 수업 이수 요건, 우리의 관심을 학생으로부터 멀어지게
하는 논의들
- 안정화된 거버넌스 구조를 방해하는 교육위원회에서의 갈등과
분열
- 코로나19로 인한 마스크 착용 의무화와 방역, 자녀를 맡겨야 하
는 맞벌이 부모 등 학교와 학부모 간의 책임 분담
- 백신 접종에 대한 '백신 반대론자'와 개인과 지역사회의 안전을
중시하는 사람들 사이의 논쟁으로 인한 공동체 분열
- 특별한 도움이 필요한 학습 환경이나 마스크 착용에 최소한의
제약이 필요한 학생의 법정 소송
- 교사들의 파업 및 시위, 교육위원회 회의에서 학부모들의 항의,
교육활동에 방해가 되는 공개적인 시위 등

더 나열해도 끝이 없다. 이 장에서는 학교가 지역사회의 축소판
(microcosms)이며, 학교가 해야 할 일에 사회적 화두와 요청이 반영
된다는 점에 주목한다.
현재의 정치적 환경으로 인한 혼란은 교사, 리더 및 지역교육청의
업무에 악영향을 미칠 정도로의 갈등과 분열을 초래하였다. 실제로,
오늘날의 학교는 그 어느 때보다 정치적인 공격을 받고 있으며, 정
치 문화 전쟁의 중심이 되고 있다. 그로브스(Groves, 2021)는 다음과
같이 말하였다.

전국의 지역교육청은 분노와 정치적 분열로 불안정하고 위험한 상황으
로 가고 있으며, 코로나19로 인한 마스크 착용 의무화, 트랜스젠더 학생에
대한 대우, 미국의 인종 차별과 노예제도 역사를 가르치는 방법과 같은 문

제로 분쟁이 끓어오르고 있다.

(para. 1)

이런 정치적인 갈등은 지역 수준에서 논의되고 승인된 결정에 따른 규제를 통해 학교문화에 끊임없이 영향을 미칠 것이다.

학생과 교사의 안전을 위해 마스크를 착용하기로 한 결정이든, 입법상의 교육과정 명령이든, 지역사회와 교사의 목소리는 묵살되고 무시되어 왔다. 스미스(Smith, 2021)는 최근 미국 교사 연맹의 회장인 랜디 외인가튼(Randi Weingarten)과의 인터뷰에서 정치 문화 전쟁은 "지속적으로 불안정성과 분노를 유발하고 사람들의 불안감을 이용하여 분노를 유발시키는 것"이라고 말하며, "이는 또한 오랫동안 국가를 통합하는 데 활용된 제도들의 불안정성에 뿌리를 두고 있다. 훌륭한 동네 공립학교처럼"이라고 보고하였다(para. 28).

학부모, 정치 단체, 주 및 연방 정부의 명령에 의한 외부 환경의 상호작용은 [그림 1-1](제1장)과 같이 학교문화 조성을 위해 필요한 통합적 요소(자율성, 집단효능감, 전문가 참여 등)를 다시 살펴봐야 할 정도로 학교의 기능에 영향을 주었다. 앞으로 외부적 혼란과 갈등은 계속될 것이며, 변화의 시기에 학교문화의 중요성에 주목하는 학교 리더에게 영향을 미칠 것이 분명하다. 이러한 이해를 바탕으로, 학교가 직면한 변화와 갈등을 안정화시키기 위해 학교문화를 활용해야 하며, 혼란의 전후 과정에서 학교 리더들은 평정을 유지해야 한다.

3) 내부적 변화와 갈등

학교 리더들이 학교문화에 영향을 미치는 외부적 조건을 통제하는 데는 제한이 있다. 그러나 외부 요인들에 대한 지식은 그것이 내부 위험에 미치는 영향을 최소화하고, 리더와 교사가 시스템 내에서 명확성, 자신감 및 신뢰를 만들어 낼 수 있게 도와준다. 긍정적인 학교문화를 선도하는 것은 학교혁신에 부가적인 것이 아니다. 오히려 문화는 학교의 운영과 개선의 기반(foundation)이다. 학교 리더들에게 중요한 것은 제1장의 [그림 1-1]에 제시된 통합적 요소에서 확인할 수 있는 문화의 가치와 학교문화 발전에 영향을 미치는 긍정적, 부정적인 요소들을 이해하는 것이다.

학교문화의 변화를 이끌기 위해, 학교 리더들은 먼저 자신들의 학교와 그 학교의 역사, 성공, 도전, 영향력을 파악해야 한다. 학교 리더들은 교사에 대한 권한 부여(임파워먼트)와 교사의 자율성, 배려와 지원, 소속감, 효능감, 전문적 참여와 같은 긍정적인 측면을 파악하는 동시에 부정적인 문화가 주는 경고의 신호를 이해해야 한다(긍정적이고 부정적인 학교문화에 대한 논의는 제3장 참조). 학교 리더들이 살펴봐야 할 부정적인 학교문화를 나타내는 경고의 신호는 다음과 같다.

- 방향성과 목적의식 결여
- 교직원, 학생, 학부모 간의 좋지 않은 관계
- 주어진 임무보다 규정을 중시
- 성과 부진을 학생 탓으로 돌리기
- 개방적이고 솔직한 대화 부족
- 집단의 이익보다 자신의 이익에 관심이 많은 교사
- 보상과 처벌 사고방식의 사용
- 소수의 한정된 사람들이 대화와 결과를 주도하는 것

• 소통 부재와 정보의 단절
• 위험 감수 결여

(Epitropoulos, 2019)

학교 리더는 새로운 계획(initiatives) 추진 시, 해당 학교의 문화를 이해하는 것이 중요하다. 특히 국가적 차원의 교육개혁(movement)은 잠재적이고 광범위한 효과를 달성하지 못하는 경우가 많은데, 이는 그러한 개혁이 기존의 문화적 규범과 직업적 기대와 충돌하기 때문이다.

더 깊이 들어가 보면, 문화는 임의의 전략을 실행하는 것 이상의 의미가 있다. 카첸바흐 등(Katzenbach et al., 2012)은 "조직 문화와 어긋나는 전략은 실패하기 마련이다. 문화는 언제나 전략을 이긴다라고 강조한다"(Katzenbach et al., 2012, para. 11). 전략은 문화에 내재되어 있고, 문화에 의해 지지되어야 한다. 문화를 이해하고 실천에 맞추는 것은 기존의 실천을 계속 성공시키거나 새로운 실천을 도입하여 장기적으로 성공시키고자 할 때 필수적이다.

문화를 이해하는 데 있어 중요한 것은 문화 역시 개인적(personal)인 것이며, "인간에게 중요한 것은 신뢰가 번성할 수 있는 분위기"(Moses, 2019, para. 3)라고 할 정도로 신뢰에 기반을 둔다는 사실을 깨닫는 것이다. 리더들이 공감이 부족하고 조직 내 관계를 발전시키지 못하게 되면, 부정적인(toxic) 문화가 빠르게 생겨난다(제3장 참조).

4) 개인적 및 직업적 갈등

교사들과 학교 리더들은 자신이 근무하는 곳의 문화에 영향을 많이 받으며, 리더들은 이러한 소속감을 통해 자신과 타인을 바라보는 관점을 형성한다. 문화의 관점은 이러한 세계관에 의해 형성되고 영향을 받으며, 학교 구성원들과의 관계와 책임을 통해 형성된다. 문화는 개인에게 영향을 미치며, 또한 다른 사람과의 관계와 학교와 관련된 개인적이고 직업적인 일들에도 영향을 미친다. 라예프(Raeff, 2010)에 따르면, 문화가 미치는 영향은 다음과 같다.

- 사람 간의 관계
- 겸손, 자존감, 예의, 단호함 등과 같은 특성
- 어려움(hardship)에 대한 인식과 리더가 다른 사람들에게 의존하는 것에 대한 생각
- 성공을 정의하는 방식과 어떤 유형의 개인 혹은 집단의 성과가 평가되고 장려되는지 여부
- 감정을 공개적으로 또는 사적으로 표현하는 방법과 방식

또한 〈표 7-1〉에 제시한 바와 같이, 학교문화는 심리적이고 사회적인 환경을 조성하며, 학교공동체가 수용하는 가치와 규범(shared meanings)을 발전시키고 강화한다.

〈표 7-1〉 **공동의 가치 개발**

심리적 · 사회적 요인	내용
정체성	집단으로서 사람들이 누구인지에 대한 감각
헌신	자기 이익 너머를 보는 감각
행동 규범	불문율에 대한 인식과 이를 준수하는 능력
사회 통제와 사회 안정	문화적 가치, 신념, 실천을 공유하고 수용하려는 의지

출처: Kaplan & Owings (2013).

이 요인들은 학교 구성원들의 소속감과 사기를 증진시키는 역할을 한다(제2장 참조).

문화가 혼란 상태에 있게 되면, 그 영향은 개인의, 직업상의 불균형을 포함하여 다양하게 나타난다. 학교 내 관계가 긴장되고, 헌신 수준과 행동 기대치가 사회적 방식과 개인이 상호작용하고 반응하는 방식에 혼란을 주게 된다. 코로나19로 인해 학교에서 마스크 착용이 요구되면서 발생한 혼란은 전국 모든 학교에 파문을 일으킨 개인의, 직업상의 변화와 혼란을 극명하게 보여 주는 사례이다. 학교문화는 사람들 간의 관계에서 비롯된다. 개인의, 직업상의 갈등은 긍정적인 학교문화와 좋은 근무환경에 중요한 업무 관계에 장기적인 영향을 미친다.

변화와 갈등이 외부에서 발생하든 내부에서 발생하든, 개인으로 또는 직업상으로 발생하든, 이러한 혼란은 구성원들의 사기를 떨어뜨리고 근무환경에 영향을 미치며(제2장 참조), 부정적 환경을 만든다(제3장 참조). 이런 모든 상황은 건강하고 긍정적인 학교문화마저 악화시키는 결과를 초래할 수 있다. 학교 리더들에게 있어 내 · 외적인 변화와 갈등이 문화에 미치는 영향을 이해하고, 발생할 수 있는 혼란의 유형을 인식하는 것은, 학교 내에서 혼란이 생길 수 있는 상황에서도 앞으로 나아가는 데 중요한 역할을 할 것이다. 이러한 이해를 바탕으로 학교 리더들과 교사들은 이후에 겪을 일들에 대한 대비를 더 잘 할 수 있을 것이다.

> ● 문화 이끌기: 학교문화 이해를 위한 성찰 ●
>
> • 학교문화 이해하기
> - 학교는 지역사회의 축소판이며, 외부의 문화적 변화와 갈등은 학교문화에 영향을 미친다.
> - 학교 리더들이 교직원들과 공감대를 형성하고 신뢰를 쌓으면 내부의 변화와 갈등은 완화될 수 있다.
> - 변화와 갈등은, 학교 내부와 외부 어디에서 발생했는지에 상관없이, 교직원들에게 개인의, 직업상으로 영향을 미칠 수 있다.
>
> • 학교문화의 힘 활용하기
> - 여러분의 학교에서 교사 직업상의 업무와 개인적 웰빙을 가장 방해하는 외부 요인이 무엇인가?
> - 여러분의 학교에서 내부 변화와 갈등의 원인을 파악하기 위해 교직원들과 소통한 방법과 시기는 언제였는가?
> - 여러분의 학교문화는 교직원들이 개인적, 직업적 변화와 혼란을 대처하는 데 도움을 청할 수 있는 창구를 제공하는가?

4. 문화로 내일을 준비하기

최근 대내외적 혼란으로 학교가 겪고 있는 변화와 갈등 속에서 리더들은 학교를 안정적으로 유지해야 하는 절박한 상황에 놓이게 되었다. 교육 관련 결정에 정치가 개입하는 것에서부터 학교와 가상학교라는 이분법에 이르기까지 학교에 영향을 미치는 다양한 역학관계들은 리더들이 학교문화에 집중할 것을 요청한다. 그러나 리더들은 안정적인 문화란 정적인 것이 아니라 내부와 외부 요인이 통합

적 요소에 영향을 미치면서 진화하는 문화라는 것을 인식해야 한다
(제1장의 [그림 1-1] 참조).

안정적인 문화가 내부와 외부의 혼란으로부터 완전무결한 것은
아니다. 하지만, 안정적인 문화는 혼란을 완충하고 긍정적인 변화와
혁신을 지원할 수 있다. 이제 학교 리더들은 학교문화의 힘을 새로
운 방식으로 활용하여 혼란을 겪고 있는 교사를 지원하는 동시에 학
생의 학업성취를 향상시키기 위한 새로운 실천을 시작해야 한다.

특히 지속적인 변화의 시기에 안정적인 학교문화는 혼란을 완충
할 뿐만 아니라 변화를 뒷받침하기 위해 새로운 문화를 탐색할 수
있는 문화이다. 안정적인 문화는 정적이고 변화와 혁신에 저항하는
것으로 보일 수도 있지만, 안정적인 문화는 혁신을 위한 변화를 지
원한다. 관료주의와 위계질서로 형성된 상대적으로 높은 수준의 안
정적인 문화를 가진 조직은 리더의 통제를 통해 변화를 효과적으로
탐색할 수 있을지도 모른다(Janka et al., 2020).

건강한 학교문화는 사기를 떨어뜨리는 경직된 통제와 위계적 구
조 위에 구축되지 않는다. 제3장에서 살펴본 바와 같이, 건강한 학교
문화를 만드는 리더들은 학교문화가 내부와 외부의 변화와 갈등에
대응하여 학교의 변화와 적응을 통해 지속적으로 변화한다는 것을
이해한다. 나아가 문화 비전을 가진 학교 리더들은 변화에 대처할
준비가 된 교사를 어떻게 지원하는지 잘 알고 있다.

1) 문화적 변화와 갈등을 통해 나아가기

학교 리더들은 역사적으로 내부와 외부의 변화와 갈등에 '대응'해
왔지만, 이제는 문화 적응(cultural adaptation)을 '주도'하는 그들의

능력이 필수가 될 것이다. 급격한 사회적 격변의 시기에 학교 리더들은 갈등과 충돌이 변화의 신호임을 인식해야 한다. 계획된 것이든 아니든 변화는 갈등과 충돌을 일으킨다. 학교문화는 이제 긍정적인 문화 적응을 준비하면서 불필요한 변화를 완충하는 데 기반을 두고 있다.

학교 리더들은 문화적 격변과 이것이 미칠 영향까지 인식할 수 있어야 한다. 학교 리더들은 학교문화를 발전시키고, 혼란에 대응하여 변화를 준비하는 데 매우 중요한 역할을 한다. 문화적 관점에서, 리브스(Reeves, 2006)는 학교 리더들이 변화를 통해 문화를 주도하는 데 있어 무엇이 변하지 않을지를 명확히 하고, 성과와 강점을 잘 파악하는 것이 효과적이라고 제안한다. 문화적 관점을 갖고 격변의 상황을 헤쳐 나갈 수 있는 리더들은 필요한 정치적 자본을 유지하면서 높은 수준의 신뢰를 유지한다. 학교문화를 안정적이고 잘 준비되도록 조성하는 리더들은 그들의 학교문화가 갖는 통합적 요소(제1장 참조)를 잘 파악하고 있다.

코로나19 팬데믹으로 인해 학교는 대면 수업의 문을 닫으면서 공교육에 큰 혼란이 발생하였다. 학교가 가상 환경으로 전환하면서 겪은 격변은 학교문화가 미치는 영향에 대해 많은 것을 드러내 주었다. 교사들은 온라인 수업으로 전환하면서 학교의 일상적인 일과와 규범, 문화에 대한 신념이 극적으로 바뀌었다. 학교 리더들은 현재 학교 밖의 완전히 다른 학교문화에 대해 다시 생각해 볼 필요가 있다.

우리는 코로나19 팬데믹을 통해 문화에 대해 무엇을 배웠는가? 격변의 시기에 학교 리더들은 문화가 변화할 것이라는 점을 인지하여 혼란을 어떻게 헤쳐 나갈지 다시 생각해야 한다는 것을 배웠다. 문화는 학교 구성원들의 관계에서 비롯되며, 학교 리더들은 학교 운영 체계와 교사 전문성 신장을 지원해야 한다. 그로이스버그 등 (Groysberg et al., 2021)에 따르면, "대화(conversation)는 리더들과 직원들이 직접 대면하여 서로 관계를 형성하는 연습을 다시 시작하게 하는 가장 좋은 방법이다"(para. 4)라고 하였다.

학교 리더들은 격변의 시기에 더 적극적으로 대화의 기회를 만들고자 했다. Groysberg 등(2021)은 리더들이 문화적 혼란을 헤쳐 나가며 조직을 운영할 수 있는 중요한 대화(critical conversation)를 만들어내는 프레임워크 활용을 제안하였다. 이 연구를 바탕으로 정리한 〈표 7-2〉는 리더들이 대화에 집중할 수 있게 돕는 대화의 요소와 전략을 제시한다. 여기에 제시된 전략들은 학교문화의 저력을 확인할 수 있는 혼란을 이해하는 데 도움을 준다.

〈표 7-2〉 중요한 대화 만들기 프레임워크

요소와 질문	전략
친밀감 리더는 어떻게 교사들과 관계 형성을 하는가?	• 정직하고 투명하게 사실을 적시에 인정하라. • 불확실성으로 느끼는 부담감을 인정하라. • 서먹함을 깨고 취약성을 드러내는 방법으로 리더들은 먼저 자신의 감정을 공유하라. • 교직원 등 다른 사람들에게 자신의 감정과 반응을 공유할 기회를 제공하라.
양방향성 리더는 어떻게 소통 창구를 활용하는가?	• 교직원들이 진솔한 의견과 아이디어를 공유하면서 심리적 안정감이 있는지 확인하라. • 적극적으로 경청하고 있다는 것을 나타내기 위해 발언을 요약해 다시 말하라.
통합성 리더는 어떻게 대화 내용을 구성하는가?	• 대화를 학교의 우선순위, 학교의 혁신목표, 학교의 비전과 연결하라. • 공유된 가치, 규범, 관습을 바탕으로 사회적 정체성과 소속감을 조성하라. • 공동체에 들어가 연결감을 유지하라. • 전문성, 교사 리더십, 지원 구조를 파악하여 개발하라.

의도성 리더는 어떻게 전략을 전 달하는가?	• 교직원들과의 모든 대화에 대하여 이해하고 명확하게 　전달하라. • 대화 주제를 사전에 공유하여 교직원과 구성원들에게 　생각을 정리할 수 있는 기회를 제공하라. • 대화를 행동으로 연결하라.
후속 메커니즘 리더는 어떻게 대화에 대 해 후속 조치하는가?	• 대화는 끝나는 경우가 거의 없고 필요한 만큼 이어지도 　록 리더는 대화 중 필요한 지원을 하라. • 대화 내용에 대한 후속 조치로 다른 사람들의 참여를 　유도하라.

출처: Groysberg et al. (2021).

이 요소들과 관련 질문은 학교에 갈등이 없는 상황에서도 활용될 수 있다. 즉, 대화는 리더와 교사가 일상적인 습관으로 참여하는 상호작용의 핵심이다.

격변의 상태를 헤쳐 나가는 가장 좋은 접근 방식은 '사람들 (people)'이 문화를 만들고 변화시킨다는 사실을 이해하는 것이다. 위기가 발생하기 훨씬 전 '그때(then)'에 초점을 두면 리더들이 혼란을 헤쳐 나갈 수 있도록 잘 준비할 수 있다. 제페다와 라노우(Zepeda & Lanoue, 2021a)는 Dove Creek 초등학교의 전 교장인 수잔 스탠실 (Susan Stancil) 박사의 연구를 인용하며 "문화와 관계의 토대가 마련되어야 학교의 학생과 보호자들에 대한 교육활동에 혼란을 주는 그어떤 변화와 갈등도 견딜 수 있다"(p. 92)고 말하였다.

2) 통합적 요소로 안정화하기

제1장에서는 학교문화의 역동성을 빙산 그림으로 제시하였다. 수면 아래에는 끊임없이 움직이며 학교문화에 영향을 미치는 통합적 요소들이 있다. 문화를 안정화하려면, 리더들은 이 통합적 요소들이

학교문화에 어떤 영향을 미치는지 이해해야 한다. 문화는 학교의 가장 소중한 자산이기에 문화의 중요성을 간과해서는 안 된다. 문화를 혼란에 대한 훌륭한 완충 장치로 인식한다면 학교는 혼란 속에서도 번창할 수 있을 것이다. 혼란은 재앙을 불러올 수도 있으나 안정적으로 대응하면 위기가 기회가 될 수도 있다.

리더가 현재의 학교문화를 이해하고 문화 비전을 만들어야 문화를 통한 선도가 가능하다(제3장 참조). 핵심 질문을 활용하여 문화적 관점에서 성찰하면, 리더들은 그들의 학교문화를 이해하고 혼란을 효과적으로 이끌고 필요한 변화를 준비할 수 있다. 리더들이 학교문화 안정화와 관련된 질문을 하는 데 도움이 될 수 있도록 〈표 7-3〉과 같이, 빙산(제1장, [그림 1-1])에 묘사된 문화의 통합적 요소를 살펴보았다.

〈표 7-3〉 문화의 통합적 요소: 핵심 질문으로 명확성 확보하기

통합적 요소	핵심 질문
소속감 (제1장 참조)	교사가 학교의 일원이라고 느끼고, 존중받는다고 느끼도록 지원하려면 어떻게 해야 하는가?
지원, 관심, 안정성 (제5장 참조)	동료들은 개인적으로나 업무적으로 서로를 어떻게 지원하는가?
임파워먼트 및 자율성 (제1장/제2장 참조)	교사들은 수업에 대한 의사결정을 내리는 데 어떻게 지원받고 있으며, 학교 전체의 의사 결정 과정에 어떻게 참여하고 있는가?
협업 (제5장 참조)	교사들은 수업 설계와 지도 및 전문적 학습 개발에 대해 어떻게 협업하는가?
전문적 참여 (제5장/제6장 참조)	교사들과 리더들은 수업을 개선하고 평생학습을 모델링하기 위해 어떻게 전문적으로 참여하는가?
자기효능감 (제1장/3장 참조)	교사들이 자신이 성공할 수 있다는 확신, 그리고 공동의 목소리와 행동이 성공으로 이어진다는 믿음에서 학교혁신이 시작된다는 확신이 있는지 어떻게 알 수 있는가?

집단효능감 (제1장 참조)	교사들은 학생의 학업성취도에 긍정적인 영향을 미칠 수 있다는 확신을 어떻게 공유하는가?
공동의 주인의식과 책임감 (제1장~제6장 참조)	교사들은 어떤 방식으로 그들의 결정과 그 결과에 대한 공동의 주인의식을 갖는가?
교사의 목소리와 주도성 (제1장~제6장 참조)	교사의 목소리와 행동이 하향식의 리더십 접근에 기반한 과거의 실천과 다르게 학교를 혁신할 수 있는 기회를 어떻게 창출하는가?

문화적 안정성(cultural stability)에 대한 전통적인 정의에서 벗어나, 안정적인 문화는 변화하며, 그 변화는 갑작스러운 반응이 아니라는 점을 이해하는 것이 중요하다. 오늘날 학교 리더들에게 중요한 것은 다음과 같다.

• 문화의 통합적 요소를 이해하고 안정적인 문화는 변화하고 움직여야 한다는 개념을 수용하여 현상 유지로 돌아가는 것이 항상 최선의 선택이 아니라는 것을 이해한다.
• 통합적 요소는 정적인 것이 아니라 학교 내 역학 관계의 변화에 따라 주기적으로 변화한다는 것을 깨닫는다.
• 이러한 통합적 요소를 총체적으로 활용하여 공동의 책임과 행동을 증진할 수 있음을 인식한다.
• 긍정적인 학교문화는 교사 주도성과 목소리를 통해 만들어진다는 것을 인정한다. 교사 목소리와 주도성이 없다면 학교문화가 혼란과 격변을 견디며 발전할 가능성은 거의 없다. 다시 말해, 학교문화는 교사가 자신의 신념, 지식, 전문성을 갖추고 이를 바탕으로 행동할 수 있는 능력만큼 긍정적으로 발전한다.

학교의 혼란을 안정시키는 데 도움이 되는 문화를 조성하는 것은 일회성 행사가 아니라 집중과 주의, 행동이 필요한 지속적인 과정이다. 문화적 관점을 통해 안정적인 문화를 선도하기 위해서 학교 리더들은 다음과 같은 역할을 해야 한다.

1. 기존의 가정, 규범, 가치, 조직 규칙 등의 학교 요인을 파악하라.
2. 기본 규범, 가정, 실천이 학생의 학습을 얼마나 잘 지원하거나 방해하는지 살펴보라.
3. 모든 학생의 학업성취도 향상에 직간접적으로 도움이 된다고 알려진 오래되거나 잘못된 가정과 관행에 의문을 제기하고 바꾸라.
4. 문화의 변화에 따른 변화된 행동의 결과를 지속적으로 모니터링하고 평가하며 조정하라.

(Kaplan & Owings, 2013)

학교 리더들은 문화 비전을 갖고 학교를 이끌기 위해서는 문화에 대한 개인적 관점을 뛰어넘어 구성원들의 다양한 시각을 통해 문화의 복잡성을 이해해야 한다. 학교 내의 하위문화(subculture)는 학교문화의 토대가 되는 통합적 요소에 많은 영향을 미친다.

3) 하위문화의 영향

문화적 관점을 바탕으로 학교를 이끄는 것은 복잡하기에 단 하나의 문화만을 논의함으로써 단순화될 수 없다. 모든 학교에는 다양한 역할과 구성원들의 관계를 바탕으로 시간이 지남에 따라 생겨난 하위문화가 있다. 학교문화는 교사 외에도 학생, 학부모, 교직원, 지역 사회 구성원 등 많은 이해관계자의 영향을 받는다. 또한 교사의 하위문화에는 교직 경력, 학교에서의 근무 기간, 전문 분야, 학력 등으로 형성된 관계에 의한 그룹들이 있다. 이러한 하위문화는 학교문화의 가치와 규범을 온전히 공유하지 않기에 가끔 문화적 혼란을 일으킬 수 있다. 학교 리더들이 하위문화를 이해하게 되면 문화적 대응력과 안정성을 높일 수 있을 것이다.

학교문화를 준비할 때, 하나의 문화나 하나의 관점으로 문화에 대응하는 것은 학교 리더들에게 필요한 문화적 관점을 제공하지 못한다. 모든 학교에는 하위문화가 있고, 모든 학교의 하위문화는 학교문화에 영향을 미칠 수 있다. 학교 리더들은 그들의 학교문화와 관련된 하위 문화들에 대하여 다음과 같은 이해가 필요하다.

1. 하위문화가 어디에 존재하는지 파악하고 그 영향력을 이해하라.
2. 하위문화 영향력의 수준을 확인하기 위해 공식적이고 비공식적인 많은 정보를 활용하라.
3. 하위문화와 소통할 때 "전체(whole)" 조직 문화와 연결하며, 전체, 부분순으로 문화적 관점에서 소통하라.
4. 하위문화가 조직에서 이탈하여 반문화로 변질될 수 있기에 하위문화가 갖는 역기능을 해결하라.
5. 하위문화를 학교 전체의 협의, 계획 및 기존 문제에 대한 해결책 모색에 포함시키라.

(Emerson, 2018 재구성함)

문화를 전체적으로 볼 때, 하위문화를 이해하고 영향을 미치는 것
은 혼란과 변화 속에서 문화를 안정화하는 데 중요하다. 문화에 영
향을 미치는 것은 소속감을 형성하고, 배려하며, 신뢰의 환경을 조
성하는 사람들의 노력이다(제4장 참조).

학교문화의 저력을 이해하고 활용하는 것은 학교 리더들이 혼란
을 극복하고 학생의 학업성취도를 향상시키는 긍정적인 변화를 만
들어 내는 데 있어 가장 큰 자산으로서 역할을 할 것이다. 코로나19
이후의 새로운 학교와 그에 따른 혼란은 계속해서 다른 모습을 보일
것이다. 이러한 새로운 모습과 혼란은 학교의 물리적 경계나 일상적
인 수업 일정이 없을 수도 있는 긍정적인 학교문화를 지원하는 것에
대해 새로운 사고를 요구할 것이다.

● 문화 이끌기: 학교문화 이해를 위한 성찰 ●

• 학교문화 이해하기
  − 학교문화는 문화적 격변의 시기에 서서히 발전하며 진화하기에, 학교
    리더들은 교사들에게 무엇이 변하고 무엇이 변하지 않을 것인지 명확
    히 하기 위해 적극적으로 노력해야 한다.
  − 학교문화를 이해하고 안정화하기 위한 노력은 통합적 요소를 바탕으로
    해야 한다(〈표 7-3〉 참조).
  − 학교 리더들은 더 넓은 학교문화 내에 존재하는 하위문화를 파악하고
    이에 대응해야 한다.

• 학교문화의 힘 활용하기
  − 변화를 통해 문화를 선도할 때, 신뢰와 정치적 자본을 활용하여 잘 되
    어가는 건 보호하되, 개선이 필요한 부분의 해결 방법은 무엇인가?

- 문화적 혼란을 통해 학교를 변화시킬 수 있는 중요한 대화를 위한 시간과 공간을 어떻게 조성할 것인가?(〈표 7-2〉 참조)
- 학교 내 어떤 관련 하위문화가 존재하며 그 영향력의 정도를 어떻게 판단하는가?

5. 새로운 학교의 문화

코로나19와 정치적, 사회적, 인종적 불안에 의해 만들어진 역학 관계를 고려할 때, 앞서가는 문화의 역할은 학교문화에 대한 중요한 대화를 시작하는 것이다. 학교의 사기를 높이기 위한 부차적 요소로 여겨지던 학교문화는, 이제 미래의 혼란을 헤쳐 나가기 위한 해결책 모색의 중심이 되고 있다. 학교 리더들에게 문화가 격변기에 안정성을 창출하는지 아니면, 격변기가 문화를 변화시키는지 결정하는 것은 닭과 달걀 중 무엇이 먼저인지 결정하는 것과 다르지 않다. 어느 쪽이든 중요한 것은 학교가 학생과 교사를 위해 수업과 사회·정서적 지원에 있어 새로운 근본적인 변화를 시작했다는 점이다.

1) 학교문화의 확장

전국의 학교들은 역사적으로 사회적 혼란에 대한 해결책을 제시하는 데 있어 긴밀하게 연결되어 있다. 학교들은 다음과 같은 분야의 교육프로그램을 통해 문제를 해결하고 사회적 혼란에 대처할 수 있는 해결책을 제시해야 한다.

- 새롭게 대두되는 사회적 이슈들
- 식품 및 영양 프로그램
- 의무 안전 교육
- 의료 서비스 제공
- 회복적 정의

이러한 프로그램은 무제한에 가까울 정도로 무척 다양하다.

코로나19와 그 변종들의 발병과 계속된 도전으로 학교는 역사상 그 어느 때와도 비교할 수 없는 일을 겪고 있다. 학교는 점점 더 커지고 있는 사회적 변화와 갈등을 완충해야 한다. 변화하는 시대 속에서 학교문화와 지역사회문화는 학교 프로그램에 대한 중요한 결정에 큰 영향을 미친다. 학교문화 규범과 가치는 더 이상 학교 울타리 안에서 일어나는 일에만 국한되지 않는다. 이제는 학교문화만큼이나 지역사회문화를 중심으로 의사결정이 내려지고 있다. 학교 경계밖으로의 이러한 문화의 확장은 이전에는 학교 외적인 것으로 간주되었던 새로운 문화적 영향을 받아들이는 데 도움이 된다.

이러한 문화적 경계의 변화는 학교 리더와 교사에게 이전과는 전혀 다른 방식으로 문화를 재정의해야 한다는 새로운 도전을 제시한다. 시겔(Siegel, 2020)은 "전환(transformation)은 모든 관점에서 생존(survival)이다. 우리가 이 순간을 더 나은 방향으로 적절히 활용한다면 더 많은 학생에게 더 나은 교육을 제공할 수 있다(para. 18)"며 최근의 일들이 긍정적인 영향을 미칠 수 있다고 제안하였다.

포용적인 새로운 문화를 창출하는 것은 학교 리더들에게 쉬운 일이 아니다. 학교문화가 학교 울타리 밖으로 확장되어 새로운 기회가 생겼으나, 외부 요인으로 간주하던 문화 격변이 이제 학교문화 내부의 격변으로 나타나고 있다. 이제 학교문화는 내부 통제가 거의 없는 상태에서 수많은 사회적, 정치적 이슈로 인하여 서서히 변하게 된다. 마스크 착용 의무화, 코로나19 검사 의무화, 온라인 수업에 대한 선택권 등의 이슈가 학교문화 진화의 구심점이 되어, 학교문화를 구성하는 일부분이 되었다. 이러한 문화에는 이념과 신념의 차이 그리고 가장 최근의 극심한 정치적 분열로 인한 양극화된 이데올로기까지 내재되어 있다. 리더와 교사에게 중요한 것은, 이러한 혼란 속에서도 문화, 즉 규범과 가치에 대한 대화가 우리를 앞으로 나아가게 할 것이라는 믿음이다. 새로운 대화는 모든 학생의 성취를 실현하는 새로운 기회의 문화를 열어 줄 수 있다.

학교 리더들은 학교문화뿐만 아니라 새롭게 대두되는 지역사회 문화와도 문화적 긴장 관계를 헤쳐 나가며 싸울 필요가 있다. 이러한 문화적인 긴장 관계에는 학교 또는 온라인 교육, 교육과정에 대한 제한, 정치적 행동에 대한 교사의 자율성 등 학교의 교육방식을 재편해야 한다는 압박이 내재되어 있다. 사회적, 정치적 변화와 갈등에 의한 다양한 관점을 보려면, 학교문화와 지역사회문화 사이의 문화적 긴장 관계를 이해해야 한다.

2) 문화적 긴장 관계

현재 신념과 정치적 견해의 분열로 인해 전국의 학교와 지역사회에 긴장이 고조되고 있다. 한때는 지역구나 주 차원에서 혼란을 일으켰던 문제가, 이제는 학교에서도 새로운 문제로 등장하였다. 그러나 최근의 문화 전쟁은 지역구와 주 차원의 혼란을 넘어 전국적으로 확대되고 있으며, 심지어 물리적 위협을 가하는 폭력적인 언쟁으로

까지 번지고 있다. 이러한 문화적 긴장 관계는 미국인으로서의 이념을 둘러싼 현재의 분열/갈등과 같이 미국 공교육 문화에 균열을 내고 있다. 메르보쉬와 헤이워드(Mervosh & Heyward, 2021)는 다음과 같이 말하였다.

> 오늘날 학교에서의 가장 큰 분열 또한 미국인이 되는 것이 무엇을 의미하는지에 대한 근본적인 물음에 대한 도전이기에 폭발 직전과 같이 매우 불안정하다. 예를 들어, 마스크 착용 의무화에 대한 논쟁은 공동의 책임과 개인적 자유라는 두 가치가 충돌하고 있다.
>
> (para. 19)

학교는 이전에는 없던 문제뿐만 아니라 여러 다른 문화적 긴장 관계를 겪게 되었다.

마스크 착용과 백신 접종 의무화에 따른 대처와 정치적 분열로 인한 학부모들의 반발로 학교는 극심한 혼란을 겪고 있다. 교육구들이 재정적 지원을 잃을 위험을 무릅쓰고 이런 의무화 명령을 무시하였으며, 많은 주에서 마스크 의무착용 해제(no masks)와 같은 행정명령을 제정함으로써 정치적 입장을 취하였다. 연방(federal) 정부의 기금이 주(state)의 재정 손실 보완을 위해 지원되기에 주와 연방 통제 간의 분열은 더욱 두드러지게 나타나고 있다.

성인의 백신 접종 의무화로 인해 전국적으로 교사들의 사직서 제출이 잇따르고 있으며, 교육구에서 백신 접종을 거부하는 사람들에 대한 대안으로 코로나19 검사를 요구함으로써 많은 반발을 사고 있다. 최근 교사들과 학생들 모두에게 예방 접종을 의무화하는 주 법안이 통과되면서 학부모들은 거센 반발을 하고 있으며, 건강 또는 종교적 이유 등과 같이 이를 면제받을 수 있는 여러 방법을 찾고 있다.

가상 학교와 학교 내 긴장 관계는 학부모와 학교 리더들 간의 문화적 갈등을 정치적 논쟁 수준으로까지 만들었고, 이는 주 정부의 기금을 받는 학교 수업에 대한 명령으로 이어졌다. 아이러니하게도 코로나19 이전 많은 주 정부의 교육부에서 온라인 학습을 선택 사항으로 제시하여 전국적으로 활발하게 추진되었으나, 코로나19 이후에는 온라인 학습을 제공하더라도 등록 학생 수를 제한하고 있다.

그러나 '학교 vs 가상 학교'는 복잡하고 정치적 이념이 맞물려 있어, '공립학교 vs 사립 차터 스쿨'에 대한 열띤 논쟁과 다를 바 없을 것이다. 가상 학교의 수업 모델은 K-12 교육뿐만 아니라 대학생들에게 온라인으로 한 과목 이상을 수강하게 하여 대학으로부터도 추진력을 얻었다. 가상 학교의 수업 모델은 학교 교육에 대한 기존의 표준안에 도전하며 학교마다 다른 구성안을 만들어 내었다.

전면적으로 온라인 수업으로 전환하며 교사들이 훌륭하게 해냈지만, 최근 학생들의 사회·정서적 위기가 증가함에 따라 학생들의 관계 형성과 웰빙(well-being)은 여전히 중요한 문제로 남아 있다. 그러나 수업하는 모습이 달라도 학교든 가상 학교든 질문에 대한 응답을 '예' 또는 '아니요'로 요구하지 않아야 한다. 학생들이 학교 또는 온라인 수업을 통해 학습에 접근할 수 있는 기회는 전체 또는 부분적으로 제공되어야 한다. 다시 말해, 학생들의 요구를 충족하려면 어느 정도 선택의 자유가 필요하다.

교육과정 교재나 교과서 채택으로 교육구 또는 주 차원에서 교육과정을 결정하게 됨으로써 혼란을 발생시켜 왔다. 역사적으로 학생들이 학교에서 배우는 것이 사고방식, 국가관, 세계관을 형성하고 이념적 토대가 되기에 논란이 되어 왔다. 국가나 지역사회의 문화를 형성하는 것은 학생들이 학교에서 배우는 내용에서 비롯된다. 학교 리더들과 교사들에게 내재된 긴장 관계는 학생들이 알고 싶어 하는 것을 교육과정에 반영하는지, 아니면 지역사회와 주 정부의 바람을 반영하는지 그 여부이다.

교육에 대한 주요 결정권은 개별 주에 있지만, 지역교육위원회도 교육과정 선정을 비롯한 권한을 가지고 있다. 또한 연방 정부는 연방 자원(resource)을 교육과정 결정에 연계함으로써 교육과정 결정에 영향을 미친다. 지금까지는 교사가 어떤 교육과정을 사용할지 승인하는 것이 일반적이었다면, 이제는 가르칠 수 없는 내용을 법제화하고 가르칠 내용에 대해 학부모의 허가를 받도록 하자는 주장이 힘을 얻고 있다. 예를 들어, 교사가 수업 전에 학부모의 검토와 승인을 받기 위해 수업 계획을 게시하도록 하는 입법 운동은 교사의 청렴과 전문성에 대한 노골적인 공격으로 비난을 받고 있다(Khaled, 2021). 이러한 긴장은 문화적 논란과 분열을 일으키고 있으며, 특히 형평성의 문제와 미국 역사교육을 둘러싼 정치에 의해 더 자극되었다.

이러한 분열은 버지니아에 최초의 노예가 된 아프리카계 미국인이 도착한 시기를 중심으로 미국의 혈통(origins)을 다시 구성하려는 1619년 프로젝트의 자료와 같이 가르칠 수 없는 내용에 대한 지침을 만들었다. 비록 완전히 이해되지는 않았지만, 비판적 인종 이론(Critical Race Theory: CRT)은 주로 미국 역사의 다른 버전을 제시함으로써 애국심의 침식을 우려하여 많은 주에서 금지되었다(Waxman, 2020). 마찬가지로 CRT는 인종 차별이 과거의 지나간 유물이 아니라 흑인 및 기타 유색인종에 대한 노예제도, 분리, 2급 시민권 부여 등의 유산이 사회와 아이들이 교육받는 학교에 계속 스며들고 있다고 보았다.

문화 전쟁의 강도는 학교 리더들이 주의를 산만하게 하는 방해에 시달려 학생들의 학업성취도 향상에 집중할 시간이 거의 없을 정도로 새로운 수준에 이르렀다. 학교 이사회 관계자들, 학교 리더들, 교사 및 학부모가 마스크와 백신을 원한다는 이유로 언어적, 신체적 위협을 겪으며, 지역사회, 학부모, 학교의 혼란은 역사적인 수준에 이르렀다. 이러한 위협은 물리적 폭력으로 이어지기도 한다. 이러한 폭력에 대한 대응으로 전미교육위원회(National School Boards Association: NSBA)는 바이든 대통령에게 이러한 위협을 국내 테러로 간주하는 법안을 제정할 것을 요청하였다(NSBA, 2021).

　학생과 학생 간의 대면 접촉이 끊기면서 교사들은 이전에 익숙했던 사회적 구조와 행동을 잃게 되었다. 새로운 문화 규범을 세워야 하나, 이 과정은 긴 시간이 소요될 것이다. '우리가 여기서 하는 방식(way we do things around here)'을 지칭하는 이전의 의식과 일상을 살펴볼 수 밖에 없기에, 온라인으로의 전환은 혼란스러웠다. 격변의 시기에 학교 리더들은 긍정적이고 대처가 빠른 문화를 조성하려면 제1장의 [그림 1-1] 학교문화 프레임에서 확인한 통합적 요소에 집중해야 한다.

3) 새로운 시각

　교사와 학교 리더들은 현재의 외부 정치와 서로 다른 이념으로 인한 문화적 긴장 상태에서 벗어나 학습과 학생 웰빙에 대해 대화하는 시대로 돌아가기를 간절히 바라고 있다. 그러나 과거로 돌아간다고 해서 앞으로 나아가는 데 필요한 방향이나 지원이 제공되지는 않는다. 최근의 일들로 지칠 대로 지쳤지만, 학교의 기능과 영향력 그리

고 앞으로 나아갈 새로운 길 등 많은 것을 깨닫게 되었다. 학교 리더
들의 관심사 중심에는 학생들과 교사들이 있어야 한다.

학교문화나 가상 학교문화의 특수성에 관계없이, 학교의 우선순
위에서 새롭게 떠오르는 변화 중 하나는 학생과 교사 모두의 웰빙
과 사회 · 정서적 안정을 중요시한다는 점이다. 앞으로 학교는 배려
의 문화를 만들어야 한다. 아베라(Avera, 2021)에 따르면, 학교는 이
제 관계를 발전시키고, 규칙과 절차를 재고하며, 정기적인 정신건강
검진 보장에 중점을 두고 학교문화를 다시 구성해야 한다. 책임주의
경향 속에 가려져 있던 신뢰 구축과 관계 발전은 이제 학교의 최우
선 과제가 되어야 한다.

코로나19와 치안, 이민, 인종 불평등 등에 대한 전국적인 소란으
로 인하여 학생들에게는 그 어느 때보다 배려와 관심에 기반한 새로
운 학교문화가 필요하다. 학생들은 스트레스와 불안, 건강 등의 문
제를 견뎌 내고 있으나, 이러한 문제들은 코로나19로 인해 더욱 증
폭되었다. 학교가 문을 닫으면서 아이들은 또래 및 교사와 교류가
단절되었고, 많은 경우, 지원 서비스가 줄어들었으며, 식량 불안에
직면했고, 부모가 일을 해야 하는 상황에서 나이가 많은 아이들은
부모의 역할까지 하는 경우가 많았다. 아이들은 더 많은 짐을 짊어
지고 있었다.

코로나19 동안, 학교는 학생들의 요구가 증가함에 따라 새로운 지
원을 추가하거나 기존 지원을 강화해야 했다. 학교는 사회정서학습
(Social Emotional Learning: SEL)을 다르게 바라보기 시작했고, 더 많은
노력이 필요하다는 것을 인정해야 했다. SEL에는 아이들이 생산력이
있는 성인으로 발달하는 데 필요한 대인관계 및 대인관계 기반 역량
을 개발하기 위한 교사들의 노력이 들어가 있다. SEL 기술은 아이들

이 어려운 상황을 처리하는 데 도움이 되며, 교사들은 아이들이 자신의 정신 건강과 안정을 돌보는 방법을 배우는 데 중요한 역할을 한다.

정책 입안자, 학자, 교직원이 모인 자리에서 미국교육학술원(National Academy of Education, 2020)은 전인적(whole-person) 웰빙과 관련된 다섯 가지 권고 사항을 제시하였다. 이 권고 사항은 시스템과 학교에 다음과 같이 제안한다.

1. 학생들과 교직원들의 사회·정서적, 정신적 건강을 최우선으로 삼아라. 모든 사람의 웰빙은 학업과 삶의 성공에 매우 중요하다. 학생들의 사회·정서적, 정신적 건강을 신중하고 체계적으로 다루어야 한다.

2. SEL은 모든 학생을 대상으로 하도록 학교 교육과정에 포함하라. 사회적 기술과 정서적 기술을 수업에 포함하고, 학업 역량과 연계해야 한다.

3. 학생들의 요구에 대응하는 과정에서 겪게 되는 어려움에 대해 교사들과 가족들에게 지속적인 상담을 제공하라. 교육구와 학교는 교사들과 가족들에게 이러한 도움을 줄 수 있는 상담사/사회복지사/심리학자를 배치해야 한다.

4. 어려움을 겪고 있는 학생들에게 정신건강 전문가(상담사, 사회복지사, 학교 심리학자)와의 집단 및 개별 상담을 제공하라. 학교에서는 학생들에게 필수적인 사회적, 정서적, 정신적 건강에 대하여 모두 지원해 주어야 한다.

5. 가상 환경에서 관계를 유지, 강화, 발전시키기 위한 전략을 세워라. 가상 공간으로 등교하는 학생들을 위해 교사들은 익숙하지 않은 환경에서 새로운 관계를 형성하고 발전시키기 위해 노

력해야 한다. 교사들은 가상 환경에서 관계를 발전시키고 또래 관계를 지원하기 위한 새로운 기술을 함양해야 한다.

(p. 5)

미국교육학술원(National Academy of Education, 2020)의 연구에 따르면, 교사에 대한 지원이 필요하다는 것을 알고, 학교는 비대면이나 대면으로 학생과 소통하는 교사에게 전문적 학습뿐만 아니라 관심을 가지고 배려해 주어야 한다고 제안하였다. 미국교육학술원에서는 다음과 같이 자세히 설명하였다.

> 교사는 실제든 가상 공간이든 환경에 관계없이, 교사는 미완성인 학습의 탐색, 비대면이나 블렌디드 형식의 수업, 학생뿐만 아니라 교사 자신과 가족, 지역사회에 대한 사회·정서적 긴장 해소를 위한 지원과 전문성 개발이 필요할 것이다. 전문성 개발에는 학생들의 연령을 고려한 적절한 정보를 포함해야 할 필요가 있다. 또한 비대면과 대면 환경에서 교직원들이 고통과 트라우마를 식별하고 인내와 배려를 표현하고 상호작용에서 편견을 최소화할 수 있도록 해야 한다.

(p. 3)

학교 리더들은 교사들이 원하는 배려와 지원이 무엇인지에 대하여 새로운 교훈을 얻었다.

학교 리더들은 코로나19로 인한 특수한 도전에 대응하면서 가르치는 일이 스트레스가 많다는 것을 알았고, 교사들의 스트레스가 기하급수적으로 증가함에 따라 이들을 체계적으로 지원할 준비가 되어 있지 않다는 것을 깨달았다. 교사들은 동료들로부터 고립되고,

학생들과 대면 접촉을 하지 않은 채 어려운 수업 환경의 변화를 극복해야 하는 책임을 짊어지고 있다. 교사들은 항상 스트레스가 많은 상황을 견뎌 왔지만, 새로운 환경에서는 학교 리더가 명확하고 강력한 지원을 함으로써 교사들의 웰빙에 전략적으로 집중해야 한다는 필요성이 표면화되었다. Zepeda와 Lanoue(2021b)에 따르면, 교사들을 위해 다음과 같은 새로운 지원이 요구된다.

- 수업 일정과 수업 부담 재고하기
- 교사의 비대면, 대면, 블렌디드 수업을 위한 교육적 지원
- 지역 상황에 맞는 경험을 바탕으로 필요한 수정을 할 수 있도록 수업모형을 검토 · 평가하기
- 교사들을 전문적 학습에 참여시킨 후 활발한 피드백과 토론이 있는 코칭과 비공식적 수업 참관을 포함하는 적절한 후속 조치 제공

(para. 8)

"우리는 교사들이 최선을 다하려고 한다는 것을 알고 있으며, 교사들이 학생들의 참여를 촉진할 수 있도록 지원하는 것은 리더들에게 달려 있기에"(Zepeda & Lanoue, 2021b, para. 8) 이를 위해 학교 리더들은 지속적으로 노력해야 한다.

우리는 여전히 혼란이 학교문화에 미치는 영향에 대해 더 많이 배우고 있지만, 학교 리더들은 긍정적인 학습문화를 구축하기 위해 학생과 교사 모두를 배려하고 지원하는 문화를 초점으로 하여 수업에서의 중요한 변화를 계속 만들어야 한다. 학교 리더들이 하는 일은 학생들에게 영향을 미친다.

● 문화 이끌기: 학교문화 이해를 위한 성찰 ●

• 학교문화 이해하기
- 학교문화는 더 이상 학교 울타리 안에서 일어나는 일에만 국한되지 않는다.
- 사회적, 정치적 긴장 관계로 인해 학교 리더들은 긍정적이고 대처가 빠른 학교문화를 구축하고 유지하는 데 집중해야 한다.
- 내부 및 외부의 혼란을 헤쳐 나가기 위해서는 리더가 교사와 학생에 대한 배려와 지원에 다시 집중해야 한다.

• 학교문화의 힘 활용하기
- 내부 학교문화에 내재된 가치는 지역사회를 지원하고 참여시키는 외부 전략에 어떻게 반영되는가?
- 사회적, 정치적 긴장 관계를 탐색하여 학교문화에 집중함으로써 어떻게 교직원들이 산만해지지 않도록 할 수 있는가?
- 교사들과 학생들을 배려하고 지원하는 문화를 정착시킬 수 있는 방법은 무엇인가?

---

6. 나가며: 요약

학교의 갈등은 내부적이든 외부적이든 피할 수 없다. 학교문화의 구성요소를 이해하는 학교 리더들은 갈등을 극복하고 그 힘을 자산으로 활용할 수 있다. 또한 학교는 지역사회의 축소판이며, 점점 더 지역사회 문화의 영향이 커지기에 학교 리더들은 학교 울타리를 넘어서야 한다. 학교 리더들과 교사들은 함께 학교문화를 이해하고 학교 안팎의 변화하는 현실에 대응할 수 있도록 준비해야 한다.

학교는 사회에서 더 넓은 역할을 요구받고 있다. 전통적으로 학교 안팎을 구분하던 경계가 더 이상 존재하지 않게 되면서, 학교는 도전적이면서도 흥미로운 위치에 놓이게 되었다. 학생들은 학교문화의 원리를 교실에서 가정과 지역사회에서 경험하는 것까지 학교문화의 원칙을 확장할 수 있는 다리가 필요하다. 교사들은 문화적 충돌에 얽혀 있으며 교실에서 이러한 차이를 조정할 때 명확성이 필요하다. 또한 교사들은 교수학습에서 벗어나는 새로운 도전과 혼란을 헤쳐 나가기 위해 배려와 지원이 필요하다. 학교 리더들은 문화의 역동성과 문화 비전을 만드는 것이 현재와 미래의 혼란을 극복하는 데 어떻게 도움이 되는지에 대해 내부적으로 초점을 맞추는 것 외에는 선택의 여지가 거의 없다.

● 실천 이끌기: 학교문화 혁신을 위한 실천 ●

• 학교의 내부와 외부의 변화와 갈등 분석하기
  – 여러분의 교육구/학교의 내부와 외부 변화와 갈등의 원인을 파악하라. 그리고 이러한 역학 관계가 학교문화를 개선하기 위해 해결될 수 있는지 여부와 방법에 대한 교사 리더의 의견을 구하라.

• 학생과 교사의 웰빙을 개선하는 데 필요한 절차 개발하기
  – 교사 또는 학생 웰빙과 관련하여 가장 두드러진 역학 관계를 다루는 행동 계획을 개발하라.

• 교사와 학생의 웰빙 증진을 위한 전략 실행하기
  – 학생과 교직원의 웰빙을 증진하기 위한 전략(성공에 대한 측정 가능한 목표 포함)을 실행하고 측정할 방법을 직원들에게 공개적으로 약속하라.

📖 읽기자료

Glanz, J. (Ed.). (2021). *Crisis and pandemic leadership: Implications for meeting the needs of students, teachers, and parents*. Rowman & Littlefield.

Zacarian, D., Espino Calderon, M., & Gottlieb, M. (2021). *Beyond Crises: Overcoming linguistic and cultural inequities in communities, schools, and classrooms*. Corwin Press.

Zepeda, S. J., & Lanoue, P. D. (2021). *A leadership guide to navigating the unknown in education: New narratives amid COVID-19*. Routledge.

📖 참고문헌

Avera, A. (2021). The pandemic lessons that will rebuild school culture. *Association for Supervision and Curric lum Development*. www. ascd.org/blogs/the-pandemic lesso s-that-will-rebuild-school-culture

Emerson, T. (2018). How to manage subcultures in your organization. *Workforce*. https://workforce.com/news/how-to- anage-subcultures- organization

Epitropoulos, A. (2019). 10 signs of a toxic school culture. *Association for Supervision and Curriculum Development*. www.ascd.org/el/articles/10-signs-of-a-toxic-sch ol culture

Groves, S. (2021). Tears, politics and money: School boards become battle zones. *AP News*. https://apnews.com/article/health-education-coronavirus-pandemic-school-b ards-e41350b7d9e3662d279c2dad 287f7009

Groysberg, B., Abrahams, R., & Baden, K. C. (2021). The pandemic conversations that leaders need to have now. *Harvard Business School*. ttps://hbswk.hbs.edu/item/ he-pandemic-conversations-that-leaders-need-to-have-now

Janka, M., Heinicke, X., & Guenther, T. W. (2020). Beyond the "good" and "evil" of stability values in organizational culture for managerial innovation: The crucial role of management controls. *Review of Managerial Science, 14*(6),1363-1404.https://doi.org/10.1007/s11846-019-00338-3

Kaplan, L. S., & Owings, W. A. (2013). *Culture re-boot: Reinvigorating school culture with student outcomes*. Corwin Press.

Katzenbach, J. R., Steffen, I., & Kronley, C. (2012). Cultural change that sticks. *Harvard Business Review*. https://hbr.org/2012/07/cultural-change-that-sticks

Khaled, F. (2021). Utah teachers furious over proposal to post lesson plans in advance for parent approval. *Newsweek*. ww.newsweek.com/utah-teachers-furious-ov er-proposal-post-lesson-plans-advance-parent-approval-1641355

Mervosh, S., & Heyward, G. (2021). The school culture wars: 'You have brought division to us.' *The New York Times*. www.nytimes.com/2021/08/18/us/schools-covid- critical-race-theory-masks-gender.html

Moses, L. (2019). How trusting relationships advance school culture and influence student achievement. *Association for Supervision and Curriculum Development*. www. ascd.org/blogs/how-trusting-relationships-advance- school-culture-and-influence-student-achievement

National Academy of Education. (2020). COVID-19 educati onal inequities roundtable series: Summary report. *Author*. https://

naeducation.org/covid-19-educational-inequities-roundtable-series-summary-report/

National School Boards Association (NSBA). (2021). *Preclusion of further threats and violence against stud ents and educators.* https://nsba.org/-/media /NSBA/ File/nsba-letter-to-president-biden-concerning-threats-to-public-schools-and-school-board-members-92921.pdf

Raeff, C. (2010). Independence and interdependence in children's developmental experiences. *Child Development Perspectives, 4*(1), 31-36. https://doi.org/ 10.1111/j.1750-8606.2009.00113.x

Reeves, D. B. (2006). Leading to change: How do you change school culture? *Association for Supervision and Curriculum Development.* www. ascd.org/el/articles/how -do-you-change-school-culture

Siegel, M. (2020). 5 major shifts needed post-COVID-19 to transform education. *Government Technology.* www.govtech.com/education/k-12/five-major-shifts-needed-post-covid-19-to-transform-education.html

Smith, A. (2021). Schools become political 'battlefield' in culture wars Trump cultivated. *NBC News.* www.nbcnews.com/politics/politics-news/schools-become-political-battlefield-culture-wars-trump-cultivated-n1278257

Waxman, O. B. (2020). Trump's threat to pull funding from schools over how they teach slavery is part of a long history of politicizing American history class. *Time.* https://time.com/5889051/history-curriculum-politics/

Zepeda, S. J., & Lanoue, P. D. (2021a). *A leadership guide to navigating the unknown in education: New narratives amid COVID-19.* Routledge.

Zepeda, S. J., & Lanoue, P. D. (2021b). *Needed: Support for teachers on*

the COVID-19 front line. www.routledge.com/blog/article/
needed-support-for-teachers-on-the-Covid-19-front-line#

학교문화의 모든 것

1. 들어가며

이 책을 통해 학교 리더들이 '긍정적인 학교문화를 만들기 위해 교직원, 학부모, 지역사회 구성원들과 어떻게 협력하고 있는가'를 질문하고 성찰하기를 기대한다. 이 책은 끝나 가고 있으나, 학교문화 혁신을 위한 대화는 일상화되어 계속 이어져야 한다. 이 장을 통해 학교문화의 핵심 사항(Key take-aways)을 정리하고, 학교문화를 중심으로 구성원 모두를 위한 혁신을 이끌기 위해 필요한 교사들과 리더들 간 협업을 강조하고자 한다.

구체적으로, 이 장에서는 학교문화 프레임워크와 통합적 요소를 다시 살펴보고, 학생의 학습 경험을 개선하고자 하는 교사들과 학교 리더들의 일의 토대로서 문화가 어떻게 작동하는지에 대한 주요한 통찰과 아이디어를 조망한다. 긍정적인 학교문화를 조성하기 위해 필요한 것이 무엇인지 생각해 볼 수 있을 것이다.

2. 학교문화 프레임워크 다시 살펴보기

제1장에서는 교사의 목소리와 주도성이 중심이 되는 학교문화 프레임워크를 빙산의 형태로 제시하였다([그림 1-1] 참조). 교사의 목소리와 주도성은 학교 내에서 공동의 책임을 구축하는 데 필요한 토대이다. [그림 1-1]에서 보는 바와 같이, 눈에 보이는 부분은 빙산의 일각이다. 학교 풍토가 가장 눈에 띄는 지점인 끝에 있으며, 모든 사람이 행동과 그 영향을 확인할 수 있는 부분이 바로 이 끝부분이다.

예를 들어, 학교와 교실의 상황에서 공동의 목표를 위해 노력하는 교사들과 학교 리더들 간의 진정한 협력이 있을 수 있다.

학교문화는 빙산의 중심에 있다. 나선형이 빙산의 일각까지 밀고 올라가는 것에 주목해야 한다. 다시 말해, 학교문화는 겉으로 드러나는 학교의 분위기인 학교 풍토에 큰 영향을 미친다.

빙산의 다음 단계는 수면선이다. 수면선 바로 아래에는 통합적 요소가 있다. 이 통합적 요소에는 소속감, 전문적 참여, 임파워먼트, 자기효능감 등이 포함된다. 이러한 통합적 요소를 함양하는 데 얼마나 많은 관심을 기울이느냐에 따라 문화가 긍정적인지 아닌지가 결정된다. 통합적 요소 간의 사이를 가로지르는 화살표들은 다음의 특징들을 내포한다.

- 요소들 간에 상호작용이 존재한다는 것을 역동적으로 보여 줌
- 문화의 저변에 내재되어 있고 깊이 뿌리내리고 있음
- 위계적이거나 선형적이지 않고, 서로 위, 아래 및/또는 같은 수준에서 순서가 정해짐
- 교사의 목소리와 교사의 주도성을 강화하는 것임

이러한 통합적 요소들의 총체가 문화이다.

학교문화 프레임워크는 학교 리더들과 교사들이 의도적으로 수면 아래를 살펴보고 학교문화를 개선하기 위해 모든 통합적 요소를 어떻게 향상시킬 수 있는지 알아볼 것을 강조한다. 긍정적인 학교문화를 지원하는 것은 복잡하고 반복적이다. 학교가 일부인 학생, 교사, 학부모 그리고 지역사회의 일원인 다른 사람들과 함께 일하면서 경험하는 여러 가지 어려움과 도전에 따라 이 작업은 계속 변화하고

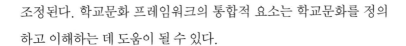

조정된다. 학교문화 프레임워크의 통합적 요소는 학교문화를 정의하고 이해하는 데 도움이 될 수 있다.

3. 학교문화의 통합적 요소

학교문화가 긍정적이든 부정적이든 상관없이, 교사는 학교의 문화 리더이다. 학교문화는 교사의 목소리와 권한에 의해 크게 영향을 받는다.

교사의 목소리와 주도성은 문화의 통합적 요소들의 성장과 상호작용을 촉진하는 역할을 한다. 교사의 목소리는 교사가 상호 신뢰와 존중의 환경에서 생각과 아이디어를 공유할 때 발생하며, 교사의 주도성은 학생들에 대한 지식과 자신의 일이 중요하다는 신념에 따라 행동할 수 있는 권한을 부여받을 때 강화된다. 교사들은 개인적, 집단적 목소리를 통해서만 목표지향적이며 건설적인 행동을 할 수 있다.

이 책의 여러 장에 걸쳐 학교문화를 형성하고, 지원하고, 영향을 미치는 통합적 요소에 대해 살펴보았다. 명심해야 할 점은 다음과 같다.

- 통합적 요소는 블랙박스 안에서 일어나지 않는다.
- 통합적 요소 간에는 시너지 효과가 있다. 즉, 통합적 요소는 서로의 존재 또는 부재에 영향을 받는다.
- 학교문화는 통합적 요소 간의 상호작용과 일관성에 의해 형성된다.

긍정적인 학교문화는 리더가 통합적 요소들 간의 관계를 이해할 때에만 구현될 수 있다. 통합적 요소는 독립적인 부분들이 아닌 역동적이고 끊임없이 변화하는 총체이며, 서로 연관되어 있지만, 각 요소는 고유한 특성이 있다. 다시 한번 통합적 요소를 요약·정리하면 다음과 같다.

1) 임파워먼트

학교 리더들은 교실 내 의사결정에 대한 권한을 교사들과 공유하고, 교사들이 학교의 정책 및 절차와 같은 큰 문제에 의견을 제시하며 의사 결정 과정에 참여하게 해야 한다. 리더들이 교사 임파워먼트를 지원하면, 역량 개발의 학교문화를 조성할 수 있다. 교사 임파워먼트를 장려하는 학교 리더는 교사들로 구성된 팀과 교사들이 참여하는 여러 위원회 및 학습공동체의 성장을 지원함으로써 인적 자본을 구축한다.

2) 자율성

교사의 권한이 강화되면, 교사는 학생들의 다양한 학습 요구에 맞춘 중요한 결정들을 할 수 있는 자율성을 갖게 된다. 교사는 학생의 필요와 관심에 따라 교실에서 유연하게 대응할 수 있는 자유를 가져야 한다. 교사는 획일적인 수업 방식에 얽매여서는 안 된다. 나아가 자율성은 교사들이 전문적 학습을 통해 교사 자신의 성장을 초점으로 하여, 개인적으로나 직업적으로 성장할 수 있게 한다(제1장 및 제2장 참조).

3) 협업

협업은 학교문화에서 건강한(powerful) 통합적 요소이다. 협업은 수업 일정과 같이 분명하게 조직화하여 공식적으로 이루어지기도 하고, 복도, 주차장, 기타 교사들이 만나는 장소에서 서로 나누는 대화를 통해 비공식적으로 이루어지기도 한다. 협업을 통해 교사들은 효과적인 수업 사례를 공유하고, 생각을 자극하는 토론에 참여하고, 자신의 수업에 대해 성찰함으로써 전문적으로 성장할 수 있다(제5장 참조). 협업을 통해 관계를 구축하고, 사례가 공유되며, 교사들은 수업 혁신을 위해 대화에 참여한다.

4) 지원, 배려, 안전

지원, 배려, 안전은 학교에서 중요한 요소이다. 교사들은 배려와 심신의 안전에 대한 욕구가 있다. 학교 리더들이 배려의 롤 모델이 되어, 개인적이고 전문적인 대화에 참여하고, 다른 사람들이 배려를 실천할 수 있는 기회를 제공하여, 교사에게서 최고의 능력을 끌어낼 수 있을 때, 배려의 문화가 만들어질 수 있다. 교사는 또한 안전하다고 느껴야 한다. 안전과 보호는 Maslow 욕구의 단계 중 기본적인 욕구에 해당한다. 교사는 안전의 욕구가 있으며, 학교 리더들과 동료 교사들로부터의 지지에 대한 욕구가 있다(제4장 및 제5장 참조).

5) 소속감

누구나 자신이 소속되어 있고, 가치를 인정받고, 공동체의 일원이라고 느끼기를 원한다. 소속감으로 동료 교사와의 드문 접촉으로 느끼게 되는 고립감을 상쇄할 수 있다. 관계를 기반으로 형성된 강한 소속감이 있는 학교문화는 교사들이 자신의 일에 의미를 부여하여 교직에 대한 소명을 다하고자 노력하며, 전문적 성장을 지원하고, 교사 효능감을 높이는 데 도움을 준다.

자신의 일에서 의미를 찾고, 소명을 다하려 하며, 공동체의 일원으로 느끼고, 전문적으로 성장하는 것은 교사들에게 무척 중요하다. 소속감이 강한 문화는 교사 간의 대화를 통해 더욱 강화되며, 힘겹고 스트레스가 많은 시기에도 교사에게 동기를 부여하는 데 도움이 된다(제4장 및 제5장 참조).

6) 자기효능감과 집단효능감

교사들이 자신 능력에 대한 확신이 어려워지면서, 자기효능감과 집단효능감이 학교문화에서 중요한 요소가 되고 있다. 자기효능감과 집단효능감은 교사 개개인과 교사 집단이 의미 있는 변화를 만들어내는 능력이 있다고 믿을 때 발달한다. 교사들이 더 개방적으로 자신의 수업을 혁신하고, 학교의 혼란을 짊어지고, 변화를 만들어 낼 수 있다고 믿을 때 학생들을 더 많이 지원하게 된다(제1장 및 제3장 참조).

7) 교사 참여

교사의 지식과 경험을 활용하여 학교를 혁신하려면 전문가 참여가 필요하다(제1장 참조). 학교 리더들은 문화 격변기에도 회복력을 갖고 교사들이 참여할 수 있는 근무환경을 조성해야 한다(제2장 참조). 또한, 교사 참여는 교사가 가정에 도전하고 학생과 서로를 지원하는 데 필요한 업무에 대한 다른 세계관을 볼 수 있는 기회를 제공함으로써 변화를 창출하는 토대가 된다(제3장 참조).

교사들이 서로 교류할 수 있는 기회를 만들려면 리더가 복잡한 업무에 착수하는 교사들을 지원하기 위한 노력을 의도적으로 방향을 전환해야 한다. 학교 리더들은 교사들이 자신의 업무와 관련된 전문적 학습에 지속적으로 참여하여 대화할 수 있는 구조를 구축해야 한다(제5장 참조).

8) 교사 목소리와 주도성

교사의 목소리와 주도성은 통합적 요소 간의 지속적인 상호작용과 변화를 위한 시너지를 창출하는 데 필요한 문화적 닻이다. 교사의 목소리와 주도성을 통해 새로운 기회가 창출된다. 또는 하향식 리더십 접근 방식에 기반한 과거의 관행과 다르게 학교를 개선할 수 있다(제1장 참조). 리더가 교사 목소리의 긍정적인 영향을 인식하고 학교 개선 조치를 할 수 있을 때 학교문화는 체계적으로 변화한다. 학교문화는 교사들이 자신의 신념, 지식, 전문성을 갖추고 행동할 수 있도록 지원하며 혼란을 완충한다(제7장 참조). 이 일은 내일이나 상황이 안정될 때까지 기다릴 수 없다. 지금이 바로 그때이다.

4. 왜 지금 학교문화인가

학교는 항상 내부 및 외부 요인으로 인해 문화에 문제가 발생했지만, 현재 학교가 처한 상황은 학교를 위험한 위치에 놓이게 하고 있다. 코로나19의 영향으로 학교 문이 닫히고 그로 인한 정치적 균열이 학교를 집어삼켰다. 교사의 근무환경, 참여, 교사 유지율 등 학교 내부의 삶은 다양한 영역에서 변화의 광풍에 휩싸여 있다.

외부적으로는 교사 부족, 빈곤, 인구 통계의 변화, 학생 이동성 증가로 인한 압박이 가중되면서 학교의 기능과 각 요소가 학교문화에 미치는 영향에 대한 시험이 계속되고 있다. 학교는 항상 정치적 위치의 중심에 있었지만, 정치적으로 빠르게 분열되고 있는 새로운 국가 상황이 정치인뿐만 아니라 학교, 교육청, 학부모, 학생, 교사와 리더들에게도 새로운 압력을 가하고 있다.

이러한 내·외부의 압력 속에서도 한 가지 확실한 것은 학교문화에 따라 성공과 실패가 좌우된다는 점이다. 학교문화는 학교의 기능적 측면에서 기초가 된다. 학교문화는 내·외부의 문화 격변에 있어 완충제 역할을 할 뿐만 아니라, 긍정적인 변화와 혁신을 이끌어 내는 촉매제가 될 수 있다.

학교문화는 학교가 역할에 대한 책임을 다할 수 있게 하는 기반이 되며, 앞으로도 계속 그럴 것이다. 오늘날의 환경에서 학교문화는 격변기에 학교의 중요한 자산으로 부상하였다. 앞으로 학교가 성공하려면, 리더들은 학교문화 프레임워크(제1장 참조)의 통합적 요소가 학교문화에 미치는 영향을 파악하고, 적극적으로 문화의 힘을 활용해야 한다.

일반적으로 리더들은 설계 및 실행에 있어, 보다 가시적인 전략을 개발하기 때문에 문화의 힘을 활용하는 것은 리더가 사용하는 학교 개선 전략이 아닌 경우가 많다(제3장 참조). 그러나 학교문화를 명확히 이해하고 학교 개선 노력과 연결할 때 학교문화는 미개발된 특별한 자원이 된다(제1장 참조).

쉐이퍼(Shafer, 2018)는 문화가 "무형의 모호한 덩어리가 아님"을 상기시키면서(para. 4), 교장은 학교 개선 노력에서 문화가 어떻게 중요한 역할을 하는지 구상하기 시작해야 한다고 말한다.

혁신을 위해 협력하는 교수학습문화를 구축하는 것은 중요하다. 이를 위해서는 리더가 학교문화 프레임워크의 통합적 요소들을 이해하여 학교문화를 형성해야 한다. 교수학습 문화를 지원하는 데 필요한 작업은 학습에 가장 큰 영향을 미치는 사람들, 즉 교사로부터 시작된다. 교사는 학교의 가장 큰 자산이며, 학교의 문화가 교사의 업무를 어떻게 지원하는지에 대해 개별적으로나 집단적으로 중요한 통찰력을 가지고 있다. 학교문화는 교사의 목소리와 주도성을 통해 발전하며, 협력적 실천을 통해 솔루션을 창출하는 업무 환경에서 혁신에 기여한다. 지원적인 학교문화는 교사를 소중히 여기고 교사가 학생들의 일상생활에 영향을 미치고 있다는 것을 알 때 만들어진다. 교사에게 있어 중요한 것은 교사가 최선을 다할 수 있도록 지원하는 문화이다.

학교문화는 특히 정의되지 않은 경우, 외부에서 바라볼 때와 내부에서 바라볼 때가 다르게 보일 수 있다. 학교 문을 들어서면서 누군가가 '학교문화가 참 좋다.'라고 하는 말을 자주 듣게 된다. 정말 그러한가? 학교문화는 학교 건물 입구 너머를 바라볼 때 다르게 보이고 느껴질 수 있다. 리더들에게 학교문화는 학교 담장을 넘어 학교문화 프레임워크(제1장)에서 확인된 통합적 요소를 이해하고 교사의 목소리와 주도성을 통해 이러한 통합적 요소와 시너지를 창출할 수 있는 절차를 실행해야 한다.

학교 리더들의 역할은 긍정적인 학교문화를 발전시키는 데 중추적인 역할을 하는 지속적인 개선 절차를 지원하고 육성하는 것이다. 이러한 역할에는 리더들이 학교문화의 역동성을 이해하는 방법과 관계 발전, 소속감 조성, 교사 역량 강화, 자율성과 관련된 긴장감 해소 등 인간적인 측면을 포용하는 방법이 포함된다. 이 모든 것은 자기효능감과 집단효능감을 증진하는 동시에 교사와 리더가 학생들, 그리고 서로에게 최선을 다할 수 있도록 협력하는 구조를 뒷받침한다. 긍정적인 학교문화는 교사를 지원한다.

5. 교사를 지원하는 학교문화

교사 지원은 다양한 방식으로 이루어지지만, 교사를 소중히 여기고 교사가 학교 정책 및 절차 수립에 협력하면서 교육과정, 교육 및 전문성 개발 노력을 주도할 수 있는 문화를 조성하는 것보다 더 중요한 것은 없다. 리더들은 교사가 전문가로서 성장하는 데 필요한 장벽과 지원에 주의를 기울여 근무환경을 조성할 책임이 있다(제1장 및 제5장 참조). 학생들과 함께 성공하고자 하는 교사들의 의지는 높다. 그러나 현재 교사가 직면하고 있는 도전적인 상황들을 고려할 때 이러한 의지에 영향을 미치는 내·외부 요인은 교사가 근무하는 학교문화로 뒷받침되어야 한다.

교사들의 새로운 요구를 이해하고 강력한 관계를 구축함으로써

문화를 선도하는 데 중점을 두는 리더는 궁극적으로 교실에서 교사
들이 하는 일, 즉 가장 중요한 것을 지원함으로써 더 나은 입지를 확
보할 수 있다. 강력한 관계는 동료애, 신뢰, 감사 및 인정, 개방적이
고 정직한 의사소통, 의사결정에의 참여 등 중요한 문화 규범에서
비롯된다(제3장 참조). 또한 문화적 관점을 통해 교사를 지원하는 것
은 인적 자본의 힘을 인식하고 업무에 가장 큰 영향을 미치는 개별
교사와 집단으로서의 교사 간의 관계에 필요한 여건들을 조성할 수
있다(제7장 참조).

　리더들이 통합적 요소 간의 관계를 이해하면 교사와의 관계와 행
동, 의사소통 방식, 교사와 상호작용할 때 보여 주는 존중과 정직성
을 통해 강력한 학교문화를 발전시킬 수 있다(제4장 참조). 신뢰의
문화와 서로를 지지하는 근무환경에서 일할 때 교사는 더 효과적이
고, 학교에 머무르며, 전문적으로 성장하고, 협력적으로 혁신하고자
한다.

1) 교사 전문성

　교사 전문성은 더 이상 개별적으로 개선될 수 없으며, 더 이상 시
험 점수로만 평가될 수 없다. 교사의 효과성은 모든 교사가 다양한
지표를 사용하여 학생의 학습 개선에 집중하는 동시에 자신의 수업
개선을 위해 모델링하는 학교문화에서 비롯된다. 교사가 신뢰의 학
교문화에서 일할 때 교사의 전문성이 신장된다. 또한 실천, 혁신, 위
험 감수 등에 대한 효과적인 대화를 지원하는 학교문화는 교사에게
필요한 자부심, 창의성, 주인의식을 함양하게 한다(제3장 및 제6장
참조).

2) 교사의 교직 유지

교사를 하려는 대학생의 수가 감소함에 따라 교사들의 교직 유지에 대한 우려가 더해지고 있다. 교사들은 협력하고, 가치와 존중을 받으며, 교실 상황 기반의 좋은 교육적 결정을 내릴 수 있는 신뢰의 학교문화에서 성공할 수 있다(제2장 참조). 학교 리더들은 교직 입문과 유지를 위해 교사의 강점과 요구를 파악해야 한다. 긍정적인 소속감의 문화가 있는 학교는 교사들이 교직을 유지하게 하며, 고립감을 줄이고, 서로를 배려한다(제5장 참조).

3) 전문적 학습

전문적 학습과 주도성은 수업 전문성 신장을 위해 필수적인 요소이다. 교사는 경력을 발전시키면서 배우고 성장하기를 원한다. 학교 리더들은 교사의 전문적 요구에 주의를 기울이고 교육의 복잡성(the complexities in teaching)에 직면할 때 교사를 지원하는 문화를 조성해야 한다. 교사들은 직무 내재적(job-embeded) 전문적 학습에서의 대화와 사례를 통해 전문성을 신장하며 성장하고자 한다(Zepeda, 2019). 전문적 학습공동체(Professional Learning Communities: PLCs)는 교사들이 상호작용하여 서로의 전문 지식과 경험에 접근하고, 목표지향적으로 전문적 학습에 참여하고, 혁신을 위한 안전망을 제공함으로써 효과성을 증진할 수 있는 사례 중 하나이다(제1장, 제3장 및 제4장 참조).

4) 근무환경

근무환경은 교수학습을 지원해야 한다. 그러나 모든 학교의 근무
환경이 동일하지 않다. 학교 리더들은 다양한 배경을 가진 교사들이
근무 조건에 따라 서로 다른 영향을 받을 수 있다는 점을 명심해야
한다. 학교와 학구(學區) 리더들의 중요한 역할은 급변하는 시대에
필요한 근무환경을 조성하는 데 있어 해당 문화의 고유한 특성과 교
직원의 다양한 요구 사항을 이해하는 것이다. 또한 오늘날의 근무환
경에는 교사를 위한 신체적, 사회 · 정서적 지원도 포함되어야 한다
(제2장 및 제4장 참조).

5) 공동의 책임과 주인의식

공동의 책임과 주인의식은 리더가 모든 교사의 공동 작업이 학생
들을 변화시킬 수 있다는 메시지를 보내는 것에서 시작된다(제5장
참조). 공동의 책임과 주인의식의 학교문화는 모든 학생이 성취할
수 있다는 믿음을 갖게 하며, 신규 교사를 지원하고, 교사들이 수업
사례를 공유하고, 팀 기반의 전문적 학습을 통해 교사들이 함께 체
계적으로 배울 수 있는 기회를 만들어 준다.
또한 공동의 책임을 갖는 학교문화를 구축하려면 리더들은 교사
들이 서로 교류할 수 있게 하고, 혁신과 위험 감수를 지원하며, 리더
십을 키우는 피드백을 제공함으로써 교사 리더들을 양성해야 한다
(제6장 참조).

6) 인적 및 사회적 자본

리더들이 교사 지원을 중시하는 학교문화는 인적 자본과 사회적 자본을 구축한다. 인적 자본은 각 개인이 조직에 가져다주는 가치와 그 사람이 학교에 근무함으로써 학교에 이점을 주게 된다. 중요한 것은 교사들과 학교 리더들 간의 아이디어와 정보공유를 촉진하는 사회적 자본이다. 사회적 자본은 교사의 능력을 인정하고 동료 교사 간의 상호작용이 중요함을 강조한다. 학생들에게 가장 큰 영향을 미치는 긍정적인 학교문화는 교사의 개인적, 공동의 전문성을 지원하고 중요하게 여긴다(제6장 참조).

이 책의 주요 내용은 학교 리더들과 교사들이 학교문화가 업무에 미치는 영향을 이해하고 수용하는 데 도움을 줄 수 있다.

6. 학교문화의 핵심

학교문화는 그 성격과 정의가 복잡하다. 하지만 학교문화는 더 이상 학교혁신에 있어 뒷전으로 밀려날 수 없다. 학교문화는 매일 학교에 영향을 미치는 변화하는 내부 및 외부의 역학 관계를 탐색하는 근본이 된다. 서로를 격려하는 긍정적인 학교문화를 발전시키는 것은 우연한 행동이나 필연적인 경로에 달려 있는 것이 아니다. 긍정적인 학교문화를 발전시키려면 리더들과 교사들이 전략적으로 계획하고, 협력적으로 행동해야 한다.

학교문화의 중심에는 이 책 전체에 걸쳐 설명된 통합적 요소와 그 요소들 간의 관계가 있다. 학교 리더들이 문화의 역학 관계를 이해하고 문화적인 관점을 갖고 리더십을 발휘할 수 있을 때, 교사는 최고의 업무 성과를 낼 수 있다. 교사가 최선을 다하기 위해서는 교사를 지원하고, 변화하는 교수학습의 역학 관계에 맞춰 전문적으로 성장할 수 있는 학교문화가 필요하다. 학교문화는 정적인 것이 아니라 역동적이며, 시스템 내에서 교사들과 학교 리더들의 협력적인 모습에 매일 그리고 시간이 지남에 따라 영향을 받는다.

이 책의 다음 요점은 문화적 관점을 통한 리더십의 주요 사항, 교수학습 개선에 있어 학교문화가 미치는 영향이었다.

1) 학교문화를 통한 리더십

- 높은 수준의 신뢰를 구축하고 유지하는 리더는 자신의 개인적, 직업적 행동이 학교문화 내 규범에 어떻게 긍정적으로 또는 부정적으로 기여하는지 이해한다.
- 리더는 학교문화와 학교 풍토 사이의 역학 관계, 그리고 그러한 역학 관계가 어떻게 서로 중첩되고 구별되는지 파악하고 명확하게 설명할 수 있어야 한다.
- 교사 리더는 동료들에게 영향을 미쳐 수업을 개선하고 그 결과에 대한 공동의 책임을 수용한다.
- 리더가 교사들이 교육에 대한 의사 결정 과정에 참여하여 결정을 내릴 수 있도록 하는 교사 임파워먼트를 지원할 때 협력적인 학교문화가 만들어진다.
- 리더들은 학교문화 내에 존재하는 하위문화들을 파악하고, 이에 대응해야 한다.

2) 학교문화 조성

- 학교문화 혁신을 위한 교사의 주인의식은 교사 주도성과 참여를 촉진하는 구체적이고 지속적인 실천을 통해 이루어진다.
- 학교문화는 교사의 목소리와 교사 임파워먼트에 영향을 받는다.
- 교사 협업은 교사가 함께 협력하여 모든 학생이 성취하게 하고, 교실 수업을 개선하며, 직무 내재적 전문적 학습의 기회를 창출한다.
- 협업 교사 팀, 온라인 학습공동체, 멘토링, 교사 입직 프로그램 등 교사들의 전문적 학습공동체를 통해 구축된 학교문화는 교사들의 상호작용을 확인하는 데 있어 무척 중요하다.
- 동료 코칭, 교사 성찰, 확장된 대화는 교사 협업의 핵심이다.

3) 학교문화 중심의 협업

- 교사와 교장의 행동, 신념, 목소리, 주도성에 의한 내부의 역학관계는 학교문화를 형성하고 학생 성취에 영향을 미친다.
- 일관성은 전략 및 절차가 전문적 학습의 내용과 목적에 부합할 때 달성된다.
- 공동의 책임은 교사와 리더가 학생 성취도 향상에 초점을 맞춰 함께 이끌 때 발전한다.
- 학교 내부 또는 외부 중 어디에서 발생하였는지에 상관없이 문화 격변이 교직원들에게 개인적, 직업적인 영향을 미칠 수 있다.
- 특히 문화 격변의 시기에는 학교문화가 변화할 것이므로, 리더들은 교사들에게 무엇이 변하고, 무엇이 변하지 않을 것인지 명

확히 해 주어야 한다.

　교수학습을 개선하려는 학교혁신의 노력은 수시로 이루어지고, 학교문화는 항상 존재한다. 여러 사례와 연구들이 긍정적인 학교문화가 교사의 업무 효율을 높인다고 보고했지만, 현실은 교사의 목소리와 행동은 학교문화 혁신을 위한 과정에 최소한의 역할만 하는 경우가 대부분이다.

　오늘날은 교육에 있어 새롭고 색다른 시대이다. 교사가 학생들의 성취에 가장 큰 영향을 미친다는 점을 아는 것은, 학교문화를 통해 교사를 지원하는 것 이외에 다른 선택이 없음을 아는 것이다. 우리는 교사들의 목소리와 행동을 통해 학교문화가 어떻게 형성되고, 학교문화가 어떻게 교사 업무에 영향을 미치는지 이해해야 한다. 왜 그러한가? '학교문화에 관한 모든 것(it is all about culture)'이기 때문이다.

📖 참고문헌

Shafer, L. (2018). *What makes a good school culture?* Harvard Graduate School of Education. www.gse.harvard.edu/news/uk/18/07/what-makes-good-school-culture

Zepeda, S. J. (2019). *Professional development: What works* (3rd ed.). Routledge.

찾아보기

저자 소개

Sally J. Zapeda
조지아 대학교의 교육행정 및 정책학 교수로 수업 장학, 전문성 개발, 교사 평가와 관련된 강의를 가르치며 연구를 수행하고 있다. 대학으로 가기 전 고등학교 영어 교사, 교감, 교장으로 재직했으며, 이러한 경험을 바탕으로 그녀는 실무와 연구 사이의 교차점을 밝혀 주는 가교역할을 하는 사람으로 평가받고 있다.

Philip D. Lanoue
학구(學區) 수준에서의 학교혁신을 주도하는 데 검증된 결과를 보유하고 있으며, 2015 미국 학교 행정가 협회(AASA) 올해의 주 교육감이자 2015 조지아 올해의 주 교육감으로 선정되었다. 주 교육감으로 근무하기 전에는 고등학교 교장으로 재직했으며, 버몬트 전국 학교 교장 협회에서 올해의 교장으로 선정되었다.

Grant M. Rivera
훌륭한 학교는 가정의 지원, 재능 있는 교육자, 참여도가 높은 공동체의 결합된 힘을 바탕으로 세워진다고 생각한다. 현재 마리에타 시 교육감으로 재직하고 있으며, 기회 격차 해소부터 교직원 유지 강화에 이르기까지 혁신적인 업무로 전국적으로 인정받고 있다.
리베라 박사는 접근의 형평성, 코로나19 팬데믹 기간 중 학습 손실, 학교와 지역사회 간의 중요한 관계 등의 주제에 대해 자주 초청되어 연사와 패널로 활동하고 있다. 그는 여러 교육 관련 단체의 이사로 활동하고 있으며 소아암에 대한 인식 제고와 기금 마련에 적극적으로 참여하고 있다.

David R. Shafer
방송, 엔터테인먼트, 은행 업계에서도 성공을 거둔 성공적인 기업가이자 비즈니스 리더로, 현재 12,000개 이상의 학교 시스템에 서비스를 제공하는 Frontline Education을 공동 설립했다. 또한 그는 펜실베이니아주에서 선출직 교육위원회 이사로 여러 차례 임기를 수행한 공교육에 대한 열정적인 옹호자이기도 하다.

역자 소개

이병도(Lee, Byoung Do)

충청남도천안교육지원청 교육장이다. 공주사범대학 한문교육과를 졸업하고 인하대학교 교육대학원 교육학과에서 석사학위, 공주대학교 대학원 교육학과에서 박사학위를 취득하였다. 인천과 충남에서 교사로 활동하였고, 충남교육청에서 정책기획장학관, 학교정책과장, 교육혁신과장, 교육국장으로 활동하였다. 학생과 교사의 주도성을 살리는 새로운 학교문화를 만드는 것이 교육개혁의 주춧돌이라고 생각하고 이를 실천하고자 노력 중이다.

함은혜(Ham, Eun Hye)

국립공주대학교 교육학과 부교수이다. 증거중심평가, 기술향상평가 관련 연구를 하면서 예비교사와 현직교사들을 만나고 있다. 서울대학교 교육학과를 졸업하고 Michigan State University에서 박사학위를 취득한 후, 교수-학습을 위한 측정 이론과 증거기반평가 연구에 매진해 왔다. 최근에는 인공지능 및 기술향상평가를 연구하고 있지만, 학생 개개인의 성장에 가치를 두는 선생님들의 협력적 실천과 그것을 지원하는 학교문화가 평가 혁신의 출발점이자 도착점이라고 생각하여, 이 책의 번역에 참여하였다.

심상용(Shim, Sang Ryong)

충청남도교육청교육연수원장이다. 공주사범대학 영어교육과를 졸업하고 공주대학교 교육대학원에서 교육학석사, University of Nevada(Reno)에서 MA TESOL 과정을 수료하였다. 혁신학교인 홍성여자고등학교에서 공모교장 4년, IB학교인 덕산고등학교 교장으로 1년간 근무하였다. 현재는 충남교육청 정책기획과장으로 일하면서, 민주적인 학교문화와 조직혁신을 위해 교사 주도성 발현의 중요함에 공감하며 번역에 참여하였다.

노영현(No, Young Hyun)

탕정중학교 도덕 교사이다. 공주대학교 국민윤리교육과를 졸업하고, 동 대학 교육학과에서 교육측정 및 평가 전공으로 박사과정을 수료하였다. 교직 경력 21년 차로 평소 관심 분야는 교실 평가와 수행평가, 잠재성장모형, 종단연구 등이다. 충청남도교육청교육과정평가정보원 교육정책연구소 파견교사로 '학생 주도성을 존중하는 평가방안 연구'를 수행하며 학생 주도성 발현을 위해 교사 주도성이 선행되어야 함을 깨닫고 이 책의 번역에 참여하였다.

교사 주도성: 학교문화 혁신의 열쇠
Leading School Culture
through Teacher Voice and Agency

2024년 8월 30일 1판 1쇄 인쇄
2024년 9월 10일 1판 1쇄 발행

지은이 • Sally J. Zepeda · Philip D. Lanoue · Grant M. Rivera · David R. Shafer
옮긴이 • 이병도 · 함은혜 · 심상용 · 노영현
펴낸이 • 김진환
펴낸곳 • ㈜**학지사**

04031 서울특별시 마포구 양화로 15길 20 마인드월드빌딩
대표전화 • 02-330-5114   팩스 • 02-324-2345
등록번호 • 제313-2006-000265호

홈페이지 • http://www.hakjisa.co.kr
인스타그램 • https://www.instagram.com/hakjisabook

ISBN 978-89-997-3196-9 93370

정가 17,000원

출판미디어기업 **학지사**

간호보건의학출판 **학지사메디컬** www.hakjisamd.co.kr
심리검사연구소 **인싸이트** www.inpsyt.co.kr
학술논문서비스 **뉴논문** www.newnonmun.com
교육연수원 **카운피아** www.counpia.com
대학교재전자책플랫폼 **캠퍼스북** www.campusbook.co.kr